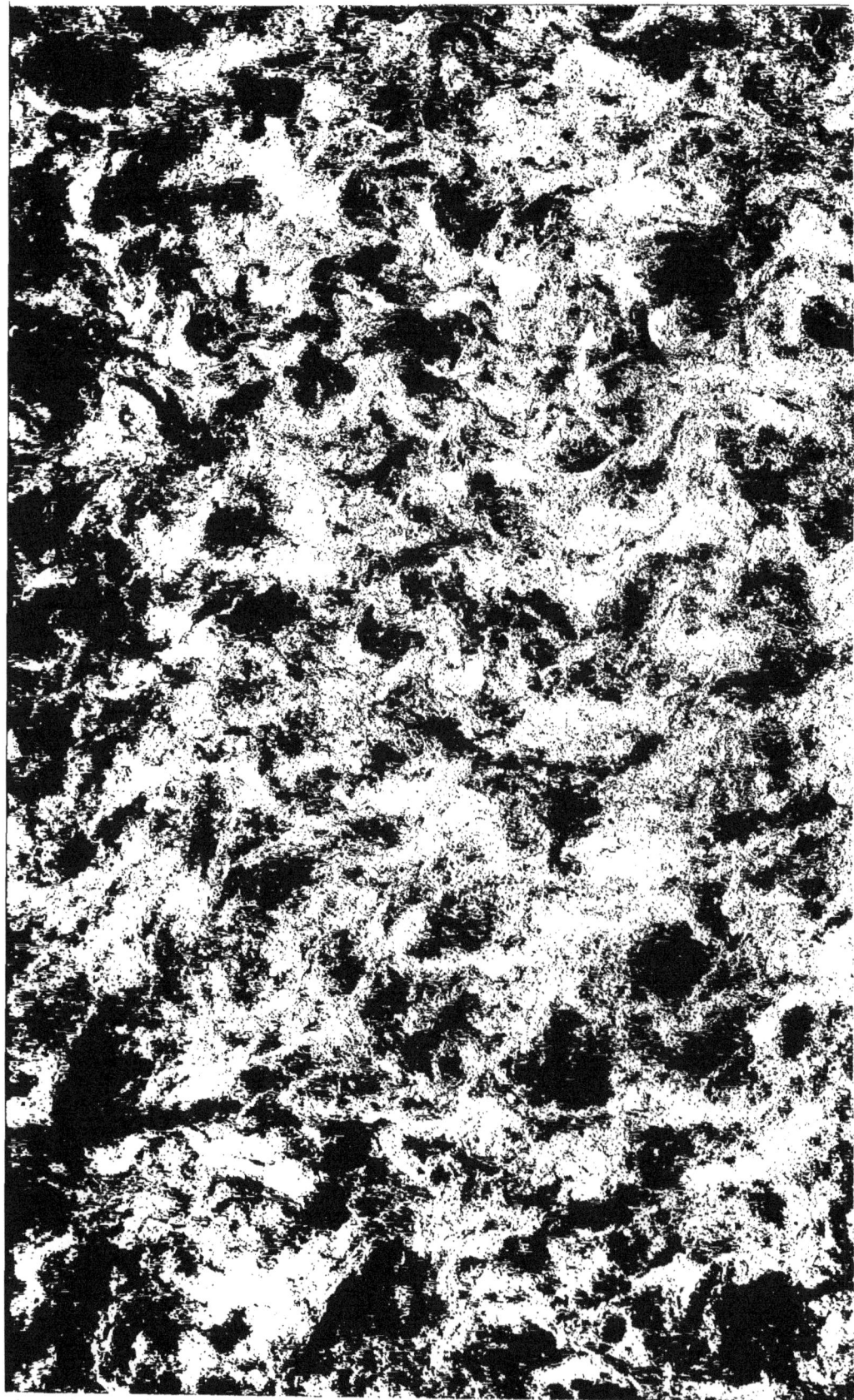

FACULTÉ DE DROIT DE PARIS

DU TESTAMENT INOFFICIEUX EN DROIT ROMAIN

DE LA POSSESSION ET DE LA PRESCRIPTION DES SERVITUDES
EN DROIT FRANÇAIS

THÈSE
POUR LE DOCTORAT

PAR

Jules CHAMPETIER de RIBES

Avocat.

PARIS

TYPOGRAPHIE ET LITHOGRAPHIE Vᵉˢ RENOU, MAULDE ET COCK

144, RUE DE RIVOLI, 144

1877

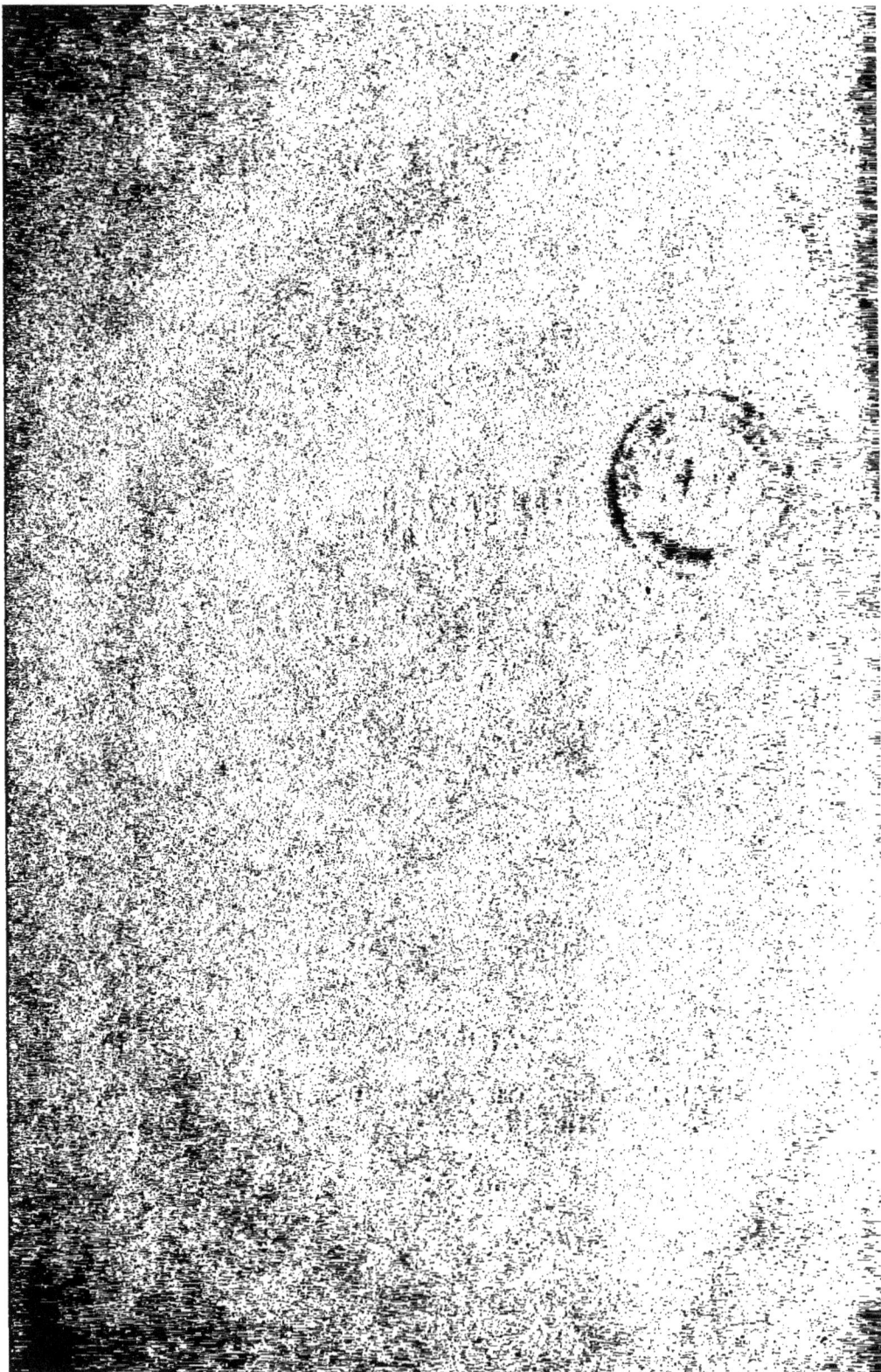

THÈSE

POUR LE DOCTORAT

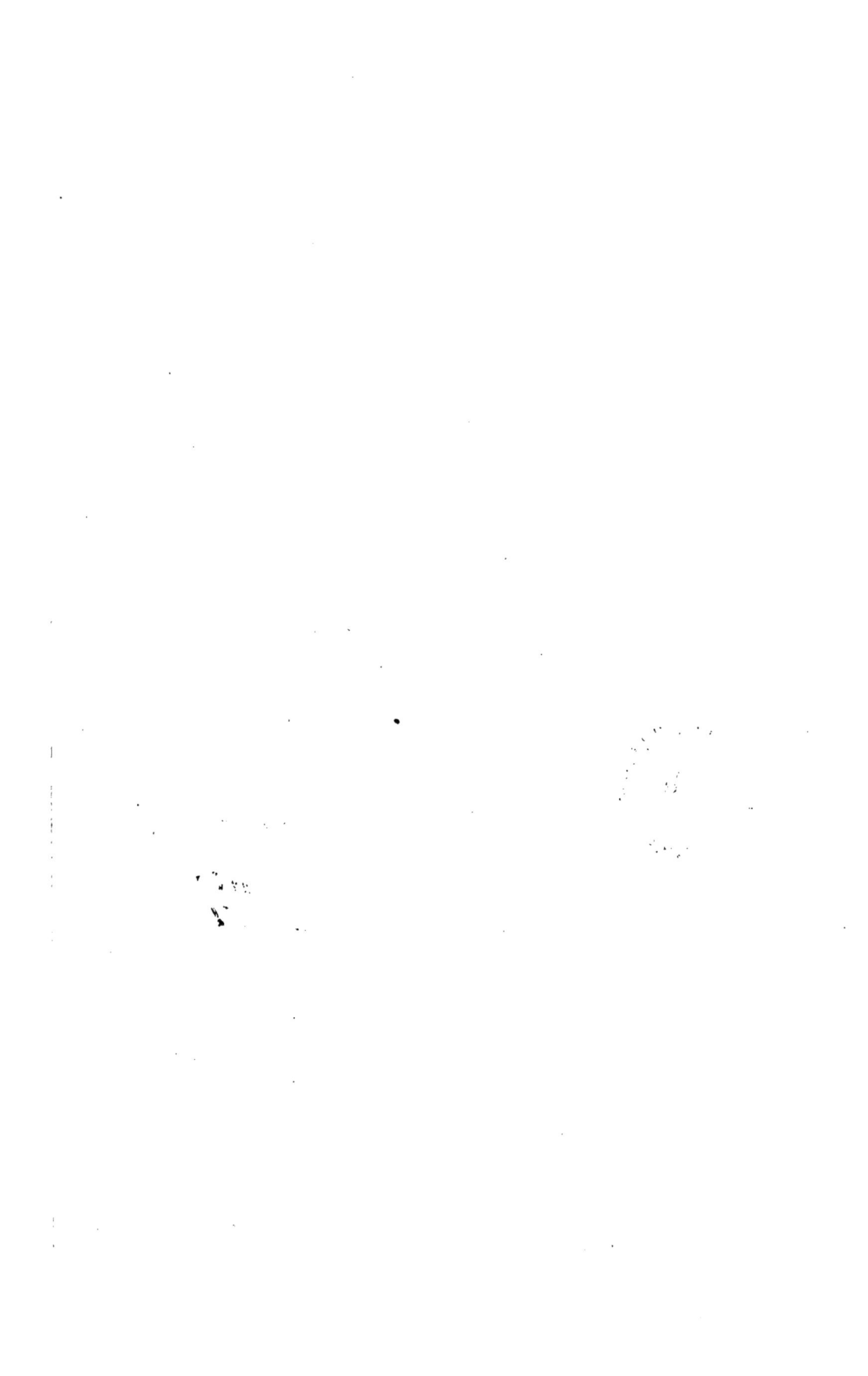

FACULTÉ DE DROIT DE PARIS

DU TESTAMENT INOFFICIEUX EN DROIT ROMAIN

DE LA POSSESSION ET DE LA PRESCRIPTION DES SERVITUDES EN DROIT FRANÇAIS

THÈSE

POUR LE DOCTORAT

QUI SERA SOUTENUE LE JEUDI 3 MAI 1877, A MIDI

PAR

JULES CHAMPETIER DE RIBES

Avocat.

PRÉSIDENT : **M. COLMET DE SANTERRE**

Suffragants.	**MM. de VALROGER** ..... **LABBÉ** .... **BUFNOIR**	Professeurs.	
	BOISTEL .... **LYON-CAEN**	Agrégés.	

Le Candidat répondra en outre aux questions qui lui seront faites sur les autres matières de l'enseignement.

A MON PÈRE

———∽∿∽———

A MA MÈRE

DROIT ROMAIN

DU TESTAMENT INOFFICIEUX

Le testament a de tout temps été en honneur à Rome, et l'on y a toujours accordé à l'héridité testamentaire une préférence marquée sur l'héridité *ab intestat*. Cette préférence a eu sa cause première dans la constitution politique, religieuse et sociale du peuple romain ; mais la liberté de tester a subi chez lui trois phases bien distinctes qui suivirent les phases les plus importantes de sa vie intime et de son développement.

Avant la loi des Douze-Tables, le testament était un acte public. A cette époque de création, la famille se distinguait à peine de l'État, et était absorbée par lui ; de telle sorte que tout ce qui intéressait la famille, comme la transmission du patrimoine et des *sacra privata*, se passait sous la haute surveillance de l'État. Cette transmission s'opérait par une loi, et chaque testament était délibéré et voté en assemblée des comices, *calatis comitiis*.

L'assemblée des comices se tenait à cet effet deux fois par an. Ceux qui n'avaient pas pris leurs précautions pouvaient mourir intestats entre les deux assemblées ; leur succession allait alors aux héritiers légitimes. Mais ce mode de transmission n'offrait pas les mêmes avantages que le testament *calatis comitiis*. En effet, le père de famille ne pouvait assurer la tutelle de ses enfants que par un testament et, d'autre part, l'héritier légitime pouvait, sans faire adition, céder l'hérédité *in jure* à un étranger; ce que n'aurait pu faire un héritier institué. (Gaius, ii, § 35 et 36. — Ulpien, xix, §§ 13 et 14.) Il réalisait ainsi tout le bénéfice de l'hérédité et s'affranchissait de la charge des *sacra privata*. La famille et l'État y perdaient, et la mémoire du défunt en souffrait.

Avec le testament *calatis comitiis*, la liberté de tester était, pour ainsi dire, nulle en ce sens que la volonté du père de famille était soumise à la ratification du peuple.

Cependant les militaires jouissaient, en temps de guerre d'un mode de tester plus expéditif que le testament *calatis comitiis*, c'était le testament *in procinctu* qui se faisait au moment d'aller au combat, en présence de l'armée. Ce testament comportait également une plus grande liberté de disposer : le militaire faisait en effet connaître ses dernières dispositions en présence de ses compagnons d'armes, et il n'est dit nulle part que ces derniers eussent à les ratifier ; ils n'avaient qu'à les enregistrer ; chacun en prenait acte. Toutefois, cette publicité donnée à l'expression de la volonté du testateur ne le laissait pas encore absolument libre de disposer de ses biens.

Le testament *in procinctu* fut le commencement des faveurs dont le droit romain a toujours entouré le testament des militaires.

Peu à peu les curies, de plus en plus en plus difficiles à consulter, perdirent leur droit de contrôle et n'intervinrent plus que pour la forme, non plus comme législateurs, mais comme témoins ; et la loi des Douze-Tables consacra formellement la liberté de tester (tab. V, 1), *uti legassit super pecunia tutelave suæ rei, ita jus esto*, et transporta au père de famille le pouvoir qui appartenait au peuple. Cette liberté fut d'abord absolue.

En même temps que la loi des Douze-Tables consacrait la liberté de tester, elle organisait la puissance paternelle et faisait de la liberté de tester un attribut de cette puissance.

Le père avait le droit de vie et de mort sur ses enfants; il n'est pas étonnant que la loi lui permît de disposer librement de son patrimoine.

Il en fut de la liberté de tester comme de la puissance paternelle et de l'organisation de la famille romaine; elles eurent le même sort. Les législateurs de la loi des Douze-Tables, comprenant que l'État ne pouvait être chef de famille pour tous, avaient doublé, en la divisant, l'autorité dont ils dépouillaient l'État pour la remettre au père de famille. Jamais autorité plus entière et plus absolue ne fut mieux respectée dans le principe, ni plus féconde en prospérités de toutes sortes et en vertus publiques et privées. L'organisation de la famille romaine contribua beaucoup au merveilleux accroissement du peuple romain.

Mais il fallait un peuple jeune et une foi nationale très-vive pour supporter un pareil régime.

Ce qui convient à la jeunesse dépasse quelquefois les forces de l'âge mûr. La population et la richesse du peuple romain augmentèrent avec les conquêtes, les éléments dissolvants pénétrèrent, les mœurs se corrompirent; dès lors la puissance paternelle devint un danger. Elle fut détournée de son véritable but, qui était de discipliner la famille et d'entretenir l'unité dans l'État, pour servir les ambitions particulières, les haines injustes et les passions du père de famille : *Non est enim consentiendum parentibus, qui injuriam adversus liberos suos testamento inducunt : quod plerumque faciunt, maligne circa sanguinem suum inferentes judicium, novercalibus delinimentis instigationibusve corrupti.* (D., l. 4.)

On dut en conséquence diminuer les prérogatives de cette puissance et restreindre la liberté de tester.

Puis une nouvelle idée se fit jour : on considéra les enfants en puissance comme ayant un droit de copropriété sur les biens du père ; la fortune du père, il est vrai, se grossissait de tout ce que l'enfant pouvait gagner, à part toutefois les pécules *castrans* et *quasi castrans*, et l'on jugea équitable, sinon tout d'abord que le père lui en rendît quelque chose, du moins qu'il ne fût pas absolument libre de ne lui rien laisser.

On usa d'abord de pression morale. On n'osa pas en effet toucher ouvertement au principe, et l'on imposa seulement au père l'obligation d'exhéréder nominativement dans son testament les enfants qu'il avait sous sa puissance, quand il ne les avait pas institués, et ce à peine de nullité *ipso jure* du testament.

Mais le père restait maître d'exhéréder son fils sans donner de motifs ; en somme, on ne lui avait imposé qu'une formalité à remplir dans la rédaction de son testament. On avait pensé que la tendresse paternelle l'arrêterait sur le point d'exhéréder injustement son fils. On dut aller plus loin et l'on obligea le père à donner, dans son testament, les motifs de l'exhérédation prononcée par lui ; c'était un appel beaucoup plus sérieux à la conscience du père et un grand pas fait dans la voie de la réaction.

Plus tard, enfin, on admit l'enfant exhérédé à discuter les motifs de l'exhérédation et à attaquer le testament du pèr qui l'exhérédait.

Dès que ce principe fut admis, on n'exigea même plus, à

peine de nullité, que le père donnât ses motifs ; l'exhérédation en elle-même suffisait à rendre le testament attaquable. C'était au fils à prouver que le père l'avait injustement dépouillé, et à l'institué à établir le contraire. Mais le père qui donnait ses motifs mourait plus sûr que son testament serait maintenu. Justinien revint d'ailleurs à l'ancienne règle, ainsi que nous le verrons, et fixa limitativement les motifs d'exhérédation.

L'action donnée à l'enfant exhérédé prit le nom de *querela inofficiosi testamenti*. Celui qui l'intentait prétendait que le testament était fait *contra officium pietatis*, et, s'il réussissait le testament tombait.

Ainsi, d'une part, le testament qui omettait l'enfant était, nul de plein droit ; d'autre part, le testament qui le déshéritait pouvait être attaqué.

Le principe de la liberté de tester du père de famille était par l'admission d'une telle action, fortement entamé. — Toutefois, suivant leur manière de procéder ordinaire, les jurisconsultes romains s'efforcèrent de maintenir le principe quand même, et c'est ainsi qu'ils se crurent obligés de donner à la *querela*, suivant leur propre expression, une couleur (D., l. 2). La plainte d'inofficiosité, dit ce texte, est fondée sur ce que le testateur, étant fou, était hors d'état de faire un testament. Mais cette proposition reçoit immédiatement le correctif dont elle a besoin. Ce n'est pas, ajoute le texte, que le testateur ait été véritablement furieux ou insensé ; en effet, le testament serait nul et il est d'ailleurs fait suivant la loi ; le testateur n'était fou qu'en tant qu'il disposait « *non ex officio pietatis.* » Il est dit ailleurs (D., l. 5) que celui qui intente l'action doit présenter les choses devant le juge sous cette couleur : qu'il ne peut paraître avoir été dans son bon sens celui qui a fait un testament injuste : « *Resque*

« *illo colore defenditur apud judicem, ut videatur ille quasi*
« *non sanœ mentis fuisse cum testamenteum inique ordinaret.* »

§

Comment cette action s'introduisit-elle ? De l'*inscriptio* d'un
fragment de Gaïus rapporté au *Digeste*, loi 4, en ces termes :
« *Gaïus libro singulari ad legem Glitiam,* » certains auteurs,
Cujas entre autres, ont conclu qu'une loi Glitia avait introduit la *querela inofficiosi testamenti*, mais cette origine est
bien peu probable en présence surtout des efforts des jurisconsultes pour colorer cette institution et effacer en elle les
marques évidentes d'une dérogation au principe de la loi des
Douze Tables. Si la dérogation eût été l'effet d'une loi, ils
n'auraient pas eu besoin de lui donner une apparence légale.
D'ailleurs cette loi Glitia est nommée seulement dans l'*inscriptio* du texte dont il s'agit, et la conclusion que l'on tire de
cette *inscriptio* n'est en rien confirmée par le texte lui-même.

Nous savons, de plus, par un texte de Cicéron, que la nécessité de l'exhérédation expresse, qui avait été le premier
pas fait dans la réaction contre la liberté absolue de tester
et qui avait été suivie de très-près de l'exhérédation motivée
et de la *querela inofficiosi testamenti*, était l'œuvre du droit
des coutumes :

Cicéron (*de Oratore,* 38), rapporte que dans son enfance
deux orateurs célèbres, Crassus et Antonin, plaidèrent l'un
contre l'autre dans l'hypothèse suivante : Un fils de famille
militaire passait pour mort ; partageant l'erreur commune,
son père, qui l'avait d'abord institué, refit son testament et
l'omit ; plus tard, le fils, de retour, vint réclamer l'hérédité
paternelle. La question était donc celle-ci : le silence du père
avait-il suffi pour écarter le fils, et le testament où ce dernier n'était pas nommé avait-il rompu le testament anté-

rieur ? M. Accàrias (I, p. 755, note 1) rapportant ce texte, ajoute :
Cette question prouve tout à la fois que la théorie de l'exhérédation n'avait pas été établie par une loi formelle et qu'elle
n'était pas encore admise sans contestation. Mais il est certain, dit-il, que dans l'âge mur de Cicéron on ne la contes-
tait plus ; ce qui le démontre, c'est la formule Aquilienne,
due à son ami Aquilius Gallus (l. 29, *de lib. et post.*) : « *Si*
« *filius meus, vivo me, morietur, tunc si quis mihi ex eo nepos,*
« *sive quœ neptis post mortem meam in decem mensibus*
« *proximis, quibus filius meus moreretur, natus, nata erit,*
heredes sunto. » Tout porte donc à croire que la *querela inof-*
ficiosi testamenti est une institution coutumière.

§

C'était, avons-nous dit, sous l'influence de l'idée d'une
copropriété, entre le père et les enfants, du patrimoine du
père de famille, que l'exhérédation expresse et motivée fut
exigée de la part de ce dernier, et que la plainte d'inofficiosité fut introduite dans la législation.

Limité d'abord aux seuls enfants que le père avait sous sa
puissance et qui étaient ses héritiers siens, le bénéfice de
cette plainte fut étendu ensuite à tous les descendants, c'est-
à-dire aux descendants du père comme à ceux de la mère,
et aux descendants par les femmes comme aux descendants par
les mâles, mais, pour ces derniers et pour les descendants de
la mère, l'exhérédation expresse n'était plus exigée pour
donner ouverture à la *querela ;* la simple omission leur
donnait le même droit.

La plainte d'inofficiosité s'expliquait alors par une autre
idée : c'est que les devoirs d'affection et de piété du père
envers ses enfants, même quand il n'a pas sur eux la puissance

paternelle, doit encore l'empêcher de les déshériter sans cause.

On admit même la réciprocité de ces devoirs d'affection et de piété entre père et enfants, en étendant aux ascendants du testateur le droit d'intenter la plainte d'inofficiosité, au cas où ils eussent été omis. La loi 15 au Digeste s'exprime à cet égard dans un langage fort élevé.

Enfin le bénéfice de la *querela* fut étendu aux frères et sœurs, mais on y mit des conditions.

Nous verrons d'ailleurs en détail qui pouvait intenter la plainte d'inofficiosité. Mais quand nous aurons ajouté qu'on assimila aux héritiers privilégiés exhérédés ou omis ceux de ces héritiers qui n'avaient été institués que pour une part trop faible, nous pourrons apprécier dès maintenant le véritable caractère de la restriction que la *querela inofficiosi testamenti* vint apporter à la liberté de tester.

Cette institution aboutissait à garantir contre les libéralités du testateur ses héritiers les plus proches, en leur réservant une portion de sa succession. Cette portion ainsi réservée, dont l'importance varia selon les temps, s'appelle en droit romain la légitime; mais c'était le germe de l'institution qui a passé dans nos lois sous le nom de réserve légale.

I

Les testaments de toutes personnes étaient-ils soumis à la plainte d'inefficiosité.

Les testaments de toutes personnes étaient sujets à la plainte d'inofficiosité, à l'exception toutefois du testament des mili-

taires et du testament des impubères pour lesquels le père
avait fait une substitution pupillaire.

1° L. 27, § 2, D. « *De inofficioso testamento militis dicere*
nec miles potest. » Un soldat lui-même ne peut attaquer
comme inofficieux le testament d'un soldat.

Il faut toutefois restreindre cette exception à ses véritables
limites. Le testament du soldat n'est privilégié qu'autant
qu'il a été fait pendant le service militaire et que le testateur
est mort pendant le service ou dans l'année qui a suivi son
congé. Ceci résulte expressément de la loi 8, § 4, au Digeste :
« *Si quis in militia fecerit testamentum et intra annum post*
« *militiam decesserit, dubito an quia ad hoc usque temporis*
« *jure militari testamentum ejus valet, querela, inofficiosi*
« *cesset? Et potest dici querelam inofficiosi cessare.* » Et le § 3
nous confirme cela en décidant que le testament d'un vétéran
peut être attaqué : « *Papinianus ait, lib 2 Responsorum, contra*
« *veterani patrisfamilias testamentum esse inofficiosi quere-*
« *lam, etsi ea sola bona habuit, quæ in castris quæsierat.* »

La raison de l'exception que nous venons de signaler n'est
autre que la faveur dont le peuple romain, peuple de conqué-
rants, a toujours entouré son armée.

Il ne faut pas confondre cette faveur faite au testament des
militaires avec la disposition qui voulait que le testament du
fils de famille militaire, *de peculio castrensi*, échappât à la
critique du père.

Ce bénéfice est consacré pour le fils de famille par la loi 10,
de Castrensi peculio, qui dit que le père n'a rien à prétendre
sur les biens castrans du fils : « *Ex nota Marcelli constat,*
« *nec patribus aliquid ex castrensibus bonis filiorum deberi.* »
Nous verrons en effet que c'est à la qualité d'héritier légitime
qu'est attaché uniquement le bénéfice de la *querela*.

Cette disposition émane bien encore de la faveur accordée

aux militaires, mais elle est écrite surtout en faveur du fils de famille dont les biens absorbés dans le patrimoine du père profitaient à celui-ci. Ce qui confirme cette manière de voir, c'est que Justinien étendit cette disposition au fils de famille vétéran et assimila au pécule castrans le pécule quasi castrans. (C., loi 37).

Le pécule quasi castrans se composait des biens acquis par un fils de famille dans les fonctions publiques (loi 37, *Præmium*, C.)

De plus le texte cité nous enseigne que le testament sur le pécule était sujet à la plainte d'inofficiosité dès que le testateur devenait *sui juris;* c'est qu'en effet le pécule cessait alors entre ses mains d'avoir un caractère privilégié. Le testateur devenu père de famille était désormais capable d'avoir des biens et un patrimoine en dehors du pécule; celui-ci se confondait dans son patrimoine avec ses autres biens, et il en pouvait disposer de la même manière, ni plus ni moins librement.

Cette observation nous donne l'explication de la fin du § 3 de la loi 8, citée plus haut. — Le testament d'un vétéran peut être attaqué, dit ce texte, quand bien même il n'aurait d'autres biens que ceux acquis à l'armée. » *Etsi ea bona sola « habuit quæ in castris quæsierat. »* Le texte suppose évidemment un vétéran *sui juris.*

Outre l'avantage de la liberté absolue de disposer, le testament des militaires a toujours été privilégié quant aux formes. La loi 37 au Code nous apprend qu'ils pouvaient tester dans la forme qui leur plaisait. « *Quo voluerint modo.* »

Mais le privilège de la forme suivait le privilège du fond et le testament du militaire était nul à tous les points de vue une année après le congé obtenu. Il était à refaire et au bout de ce temps celui qui avait été militaire ne pouvait plus tester que dans les formes ordinaires et seulement sur son pécule s'il était fils de famille.

« *Sed et veterani, qui tempore quidem militiæ sibi peculium* « *acquisiverunt, militiam autem deposuerunt; testari, licito* « *tamen modo, non prohibentur.* » (Loi 37, pr. C.).

2° La *querela inofficiosi testamenti* ne pouvait pas être intentée contre l'impubère pour lequel le père avait fait une substitution vulgaire dans son testament. En effet, on ne peut pas reprocher à cet impubère 'd'avoir testé *contra officium pietatis*, puisqu'il n'a pas testé lui-même; de telle sorte que la substitution pupillaire qui désignait un étranger comme héritier du fils ne pouvait être attaquée par la mère et que le frère de l'impubère ne pouvait attaquer le testament de son père, s'il y était nommé, parce que ce testament en lui-même était irréprochable et que c'était du testament du fils qu'il pouvait seulement se plaindre. On ne pouvait pas admettre pour le droit qu'il avait à prétendre sur la succession de son frère, le fils pût rendre la succession de son père *ab intestat*. Tout ceci résulte très-clairement de la loi 8, § 5, Dig. : « *Sed* « *nec impuberis filii mater inofficiosum testamentum dicit :* « *quia pater ei hoc fecit : et ita Papinianus respondit : nec* « *patris, frater : quia filii testamentum est : ergo nec frater* « *impuberis si patris non dixit.* »

La substitution pupillaire ne pouvait tomber que si le fils exhérédé à tort par son père faisait casser ce testament; la substitution tombait avec le testament. Le texte ajoute : « *Nisi pro parte patris rescissum est : tunc enim pupillare valet.* » Nous verrons en effet que la *querela,* si elle n'est intentée ou si elle ne réussit que contre l'un des héritiers institués, ne fait tomber le testament qu'à son égard, et l'on comprend que l'on ait considéré comme indivisible la validité que la substitution pupillaire puise dans le testament du père.

2

L'impubère lui-même ne peut pas attaquer le testament
de son père, s'il n'a à se plaindre que de la substitution
(Loi 8, § 7, D.)

II

Des conditions d'admissibilité de la QUERELA INOFFICIOSI TESTAMENTI.

L'admissibilité de la *querela* était subordonnée à trois conditions :

1° Il fallait être appelé à la succession *ab intestat* de celui
dont on voulait attaquer le testament, et de plus être parmi
les appelés que la loi favorisait de cette action ;

2° Il fallait n'avoir aucun autre moyen d'arriver à la succession ;

3° Enfin, il fallait que le légitimaire n'eût pas reçu, par
disposition de dernière volonté, le quart au moins de ce qu'il
eût recueilli *ab intestat*.

PREMIÈRE ET DEUXIÈME CONDITIONS

Nous traiterons simultanément de ces deux conditions en
nous demandant quelles personnes pouvaient intenter la *querela inofficiosi testamenti*.

Ne pouvaient intenter la plainte d'inofficiosité que ceux-là
seuls qui étaient appelés à la succession *ab intestat*. En effet,
le *querelans* demandait à prouver que le testament le dé-
pouillait injustement ; il fallait donc, préalablement à toute
action, qu'il pût justifier que, par son droit, il était appelé à
recueillir la succession et la *querela* avait pour but et pour
résultat de faire tomber le testament et de faire régler la suc-

cession comme si le testateur fût mort intestat. Nous avons déjà rattaché à ce principe la disposition qui permettait au fils de famille de disposer librement de son pécule sans craindre la *querela*.

N'étaient pas reçus à intenter la *querela* ceux qui avaient un autre moyen d'arriver à la succession : en effet, le plaignant invoquait un grief ; or il n'était pas lésé par l'exhérépation ou l'omission, s'il trouvait dans le droit civil ou dans le droit prétorien le moyen d'obtenir sa légitime. On devait même présumer que le testateur avait voulu faire un testament valable et qu'en déshéritant ou en omettant ses héritiers légitimes, il savait qu'il ne pouvait leur ôter ce que la loi leur assurait; et, d'ailleurs, quelle qu'ait pu être son intention, le préjudice n'existant pas, le corps du délit manquait, la peine ne pouvait en être infligée au testateur.

Cette condition essentielle est écrite aux Institutes § 2 *de Inof. test.* : « ..... *Agere possunt, si nullo alio jure ad defuncti bona venire possunt. Nam qui ad hereditatem totam vel partem ejus alio jure veniunt, de inofficioso agere non possunt.* »

§

Tous les héritiers étaient-ils admis à exercer la plainte ?

La loi 1 au Digeste nous dit que les enfants et les ascendants peuvent attaquer un testament comme inofficieux; que, quant aux collatéraux, en exceptant cependant les frères et sœurs, ils feraient mieux de ne pas s'engager dans de vaines dépenses à ce sujet, parce qu'ils ne peuvent espérer de réussir : « *Omnibus enim tam parentibus, quam liberis de inofficioso licet disputare. Cognati enim proprii, qui sunt ultra fratrem, melius facerent, si se sumptibus inanibus non vexarent, cum obtinere spem non haberent.* »

Nous verrons, d'autre part, que les frères et sœurs ne sont admis à la plainte que sous certaines conditions; nous verrons aussi les effets d'une plainte d'inofficiosité intentée par qui n'y a pas droit.

Attaquer un testament comme inofficieux, c'était prétendre qu'on ne devait pas être exhérédé ou passé sous silence : « *Inofficiosum testamentum dicere, hoc est allegare quam* « *exheredari vel præteriri non debuerit* » (l. 3, D.). Ce texte met l'exhérédation et l'omission sur la même ligne. Mais nous savons que l'omission de certains héritiers suffisait à rendre nul le testament, auquel cas il était inutile d'intenter la *querela;* il n'est donc pas indifférent de savoir quels légitimaires devaient avoir été exhérédés, quels devaient seulement avoir été omis pour que la *querela* pût être intentée.

Reprenons chacune des trois classes d'héritiers légitimes, nommés plus haut, et voyons, en observant cette dernière distinction, comment chacune de ces classes était admise à exercer la *querela*.

I. — LES ENFANTS POUVAIENT INTENTER LA PLAINTE D'INOFFICIOSITÉ : 1° *s'ils avaient été exhérédés injustement ;* 2° *s'ils avaient été omis.*

1° L'exhérédation expresse et motivée avait été exigée à l'origine et dans le droit civil, en faveur des héritiers *siens*, c'est-à-dire des enfants en puissance ; il fallait compter parmi les héritiers *siens* la mère sous la *manus* du mari. (Ulpien, XXII, § 14.) L'institution de l'exhérédation expresse ne protégeait donc ni les descendants par les femmes, ni ceux des descendants par les mâles qui n'avaient pas, au jour de la confection du testament, la qualité de *sui heredes*, soit qu'ils l'eussent perdue, soit qu'ils ne l'eussent jamais eue.

Ainsi, le droit civil n'exigeait pas l'institution ou l'exhérédation des enfants émancipés, parce que ce n'étaient pas des héritiers *siens*, et qu'ils étaient sortis de puissance.

Ce droit ne changea jamais à l'égard des descendants par les femmes ; mais, pour les descendants par les mâles, le droit prétorien et Justinien étendirent à tous les descendants la nécessité de l'exhérédation. Le préteur voulut, par exemple, que les enfants émancipés fussent exhérédés (Instit., § 3, *de exhered. liber.*), et la loi 7 au Code nous dit que les enfants des émancipés doivent aussi être exhérédés : « *Neptem defuncti* « *actione de inofficioso testamento, quamvis pater ejus eman-* « *cipatus fuerit defunctus, experiri posse, ignorare non debes.*»

La loi 27, § I, D. prévoit le cas où un père, voulant dépouiller son fils, en le déshéritant, l'a désavoué et déclare que le fils n'en était pas moins recevable en ce cas à attaquer le testament comme inofficieux en établissant qu'il était véritablement le fils du testateur.

Pour les posthumes, il en fut de même. Les posthumes *siens*, c'est-à-dire ceux qui auraient été héritiers siens du testateur s'ils eussent été nés au moment de son décès, personnes incertaines, ne pouvaient pas, à l'origine, être exhérédés ; et pourtant leur naissance rompait le testament. Le père de famille pouvait ainsi mourir avec la certitude que son testament serait frappé de nullité et dans l'impossibilité de l'éviter. Le droit civil admit l'exhérédation des posthumes *siens* et avec elle la plainte d'inofficiosité de la part des posthumes déshérités. Justinien § 5, *de exhered. liber.*, rapporte qu'il a étendu à tous les posthumes par les mâles la nécessité de l'exhérédation.

Quant aux enfants adoptifs, la législation varia. Il y avait deux situations à envisager. L'effet primitif de l'adoption était de faire entrer l'adopté dans la famille de l'adoptant, en le

faisant sortir de celle de son père naturel ; si bien qu'il perdait toute espèce de droit à la succession de ce dernier. D'un
autre côté, quand le père adoptif dont le testament aurait pu
être attaqué comme inofficieux, s'il avait exhérédé sans juste
cause son fils adoptif, venait à l'émanciper, il ne lui devait
plus rien et ce dernier se trouvait alors sans famille et sans
patrimoine à espérer.

Justinien corrigea cette situation. Il nous dit dans ses Instit.,
§ 2 : « *Liberi, secundum nostræ constitutionis divisionem, agere*
« *possunt.* » Or, la distinction à laquelle il renvoie est faite
dans la loi X au Code *de Adoptionibus :* si l'adoptant est un
ascendant, l'enfant donné en adoption ne peut critiquer le
testament de l'adoptant qu'autant qu'il est resté dans la famille
adoptive ; à l'inverse, il ne peut attaquer celui du père naturel
qu'autant qu'il est sorti de la famille adoptive. Si l'adoptant
est un *extraneus*, l'adopté peut toujours critiquer le testament
de son père naturel, mais non jamais celui de son père adoptif.

Pour les enfants naturels, *spurii*, n'ayant aucun lien de
parenté avec leur père, ils ne devaient pas être exhérédés et
ils ne furent jamais admis à exercer la *querela* contre le testament de leur père.

Nous voyons qu'ainsi étendue la nécessité d'une exhérédation expresse finit par s'appliquer à tous les descendants
légitimes du père de famille par les mâles et aux enfants adoptés
par leurs ascendants, et que cette exhérédation donnait ouverture à la *querela*.

§

Mais l'obligation pour le père de famille d'exhéréder expressément ses descendants n'avait pas toujours eu vis-à-vis de
tous la même sanction. Exhérédés, tous avaient la *querela*,
mais l'omission pour les uns annulait le testament d'après

le droit civil ; pour les autres, le testament n'était pas nul, mais le droit civil ou le droit prétorien donnait à ces héritiers un moyen de prendre dans la succession leur légitime.

Justinien posa une règle unique et décida que l'omission rendrait tout testament nul.

Mais de toute façon, remarquons-le bien, c'était par application de la règle écrite au § 2 des Institutes, dont nous avons fait une des conditions de la recevabilité de la *querela*, que tous les descendants simplement omis dans le testament du père, qui aurait dû les exhéréder expressément, ne pouvaient attaquer son testament par la plainte d'inofficiosité : tous en effet arrivaient à la succession par une autre voie.

Ainsi, parmi les descendants en puissance, les seuls enfants mâles du testateur au premier degré, enfants issus *ex justis* ou adoptifs, devaient être exhérédés à peine de nullité du testament (Instit., § 4, *de Exhered. liber.*) : «*Adoptivi liberi, quamdiu sunt in potestate patris adoptivi, ejusdem juris habentur cujus sunt justis nuptiis quæsiti : itaque hæredes instituendi vel exheredandi sunt, secundum ea quæ de naturalibus exposuimus.* »

Ces enfants venaient dès lors à l'hérédité *ab intestat* et n'avaient pas à intenter la plainte d'inofficiosité (Inst., *de Exhered. liber.*) : « *Sed qui filium in potestate habet, curare debet ut* « *eum heredem instituat, vel exheredem eum nominatim faciat.* « *Alioquin si eum silentio præterierit, inutiliter testabitur.* »

Signalons en passant la dissidence entre les Sabiniens et les Proculiens sur la question de savoir si la nullité du testament, provenant de l'omission d'un fils, avait lieu aussi bien en cas de prédécès qu'en cas de survivance du fils, à l'ouverture de la succession. Disons toutefois que Justinien, au texte cité, tranche la question en faveur de l'opinion sabinienne, et décide que le testament est nul de toute façon.

Il en donne pour raison que le testament était entaché de nullité au moment de sa confection et n'a pu acquérir de valeur depuis : « *Adeo quidem ut, et si vivo patre filius mortuus* « *sit, nemo heres ex eo testamento existere possit, quia scilicet* « *ab initio non constiterit testamentum.* »

L'omission des autres enfants en puissance, c'est-à-dire des filles et des petits-enfants (parmi les filles il fallait compter la mère *in manu mariti*), ne nuisait pas à la validité du testament ; et pour les remplir de leurs droits le droit civil leur accordait le *jus accrescendi*, c'est-à-dire qu'au lieu de recueillir comme héritiers légitimes ce qui leur revenait, la règle *Nemo partim testatus, partim intestatus mori potest*, s'y opposait, la fille ou le petit-fils omis comptait pour un héritier testamentaire de plus, *accrescebat*. (Inst., *de Exhered. pr.*). Le droit prétorien donna plus tard à ces héritiers la possession de biens *contra tabulas*.

Les posthumes eurent exactement le même sort.

La loi du 23 au Digeste nous apprend de même que le fils émancipé peut demander contre l'institué la succession prétorienne, mais qu'il ne pourra pas attaquer le testament comme inofficieux, tandis que, s'il était déshérité, il pourrait demander la nullité du testament. S'il était omis, le fils émancipé avait la possession *contra tabulas*; qu'aurait-il eu besoin de la *querela?* S'il en était ainsi du fils émancipé, à plus forte raison devait-il en être de même des enfants du fils émancipé.

Justinien, avons-nous dit, posa une règle unique ; en effet, il rapporte, § 8, *de exher. lib.*, qu'il a établi un droit simple et identique à l'égard des fils, filles et autres descendants par les mâles non-seulement nés, mais encore posthumes, de telle sorte que tous les émancipés comme les *siens* soient institués héritiers ou exhérédés nominativement, et que toujours l'omission ait pour effet d'infirmer le testament du père et d'enlever l'hérédité à l'institué. Il en était de même pour les enfants adoptifs, suivant la distinction faite dans la loi x au code, *de Adopt.*

Dès lors, exhérédés, les descendants par les mâles ont la *querela* ; omis, ils viennent à l'hérédité *ab intestat* et n'ont pas besoin de la *querela.*

Enfin, c'est encore par application de la règle posée au § 2 des Institutes, qui refusait la *querela* à quiconque avait un moyen d'arriver à la succession *ab intestat*, que les impubères adrogés n'étaient pas admis à exercer la *querela inofficiosi testamenti.*

L'adrogation des impubères n'avait pas toujours été permise ; elle le fut par une constitution d'Antonin le Pieux, mais avec des règles particulières et parmi ces règles celle qui garantissait à l'adrogé dans la succession de l'adrogeant le quart au moins des biens de ce dernier, s'il avait émancipé l'adrogé sans justes motifs ou s'il l'avait exhérédé dans son testament. L'impubère adrogé avait donc sa légitime assurée par le bénéfice de la Quarte Antonine ; aussi la *querela* lui était refusée. Il est à remarquer qu'en cas d'exhérédation on n'avait pas à examiner quel en avait été le motif. Ceci résulte de la loi 3 *de Adopt. Inst.* :
« *Si decedens pater eum exheredaverit, vel vivus sine justa* « *causa eum emancipaverit, jubetur quartam partem ei bono-* « *rum suorum relinquere.* » En effet, l'adrogeant, qui avait juste sujet de se plaindre de l'adrogé, pouvait l'émanciper de son vivant, avec toutes chances de succès, et il ne devait pas remettre après sa mort de punir l'adrogé.

2° L'omission des enfants peut donner lieu, avons-nous dit, à la plainte d'inofficiosité.

Produisaient cet effet l'omission des enfants par la mère et l'omission par le père de ses descendants par les femmes.

L'exhérédation expresse et motivée des enfants siens avait

été introduite, avons-nous dit, comme un tempérament à la puissance paternelle et à la liberté absolue de tester du père de famille. La mère n'ayant jamais eu la puissance paternelle sur ses enfants, la nécessité de cette exhérédation n'eut pas lieu de lui être imposée, pourtant la simple omission de sa part signifiait autant que l'exhérédation expresse du père.

Mais jusqu'au sénatus-consulte Orphitien, rendu sous Marc Aurèle, l'enfant ne succédait pas à sa mère en cette seule qualité, par suite il ne pouvait y avoir lieu pour lui d'intenter la plainte d'inofficiosité.

Toutefois, même avant cette époque, les enfants pouvaient exercer cette plainte contre le testament de leur mère, lorsque celle-ci était sous la *manus* de son mari ; car elle était alors, par une fiction, traitée comme un enfant du mari et, par suite, comme la sœur consanguine de ses enfants : ces derniers lui succédaient comme agnats.

La loi 5 au Digeste nous dit que la plainte d'inofficiosité peut être intentée même par ceux qui ne descendent pas du testateur par les mâles ; car, dit le texte, on peut attaquer le testament de la mère. Ce texte assimile les descendants du père par les femmes aux descendants de la mère ; on doit en conclure que le testament du père, qui omettait un de ses descendants par les femmes, était également attaquable par la *querela* ; mais il n'en avait pas toujours été ainsi.

Selon le droit civil ces enfants ne faisaient pas partie de la famille de leur aïeul maternel et ne lui succédaient pas. Le droit prétorien n'avait rien fait en leur faveur. Une constitution des empereurs Théodore et Arcadius les fit concourir avec les héritiers *siens* et les agnats ; la même constitution leur donna le droit d'intenter la *querela* comme les autres enfants.

Les enfants naturels, *spurii*, se rattachant à leur mère par les liens de cognation, pouvaient attaquer comme inofficieux le testament de la mère qui les avait omis.

Les posthumes de la mère et les posthumes cognats du père, ses posthumes par les femmes, devaient-ils être institués et leur omission causait-elle la nullité du testament, leur donnait-elle droit, en un mot, d'exercer la *querela inofficiosi testamenti* contre le testament de la mère ou de l'ascendant maternel?

Voici la question : le posthume externe à l'origine ne pouvait pas être institué, d'après le droit civil ; mais pour le cas où l'ascendant était mort intestat, le droit honoraire accordait au posthume la possession de biens *unde cognati*, et pour le cas où le posthume externe avait été institué, le préteur lui accordait l'envoi du ventre en possession et après sa naissance la possession de biens *secundum tabulas*.

Il ressort d'un texte d'Ulpien (l. 6, D.) que si on ne pouvait pas faire un reproche à l'ascendant de n'être pas mort intestat, bien que cela eût profité aux posthumes, parce qu'on ne pouvait pas priver ainsi cet ascendant de la faculté de tester, on pouvait lui reprocher du moins de n'avoir pas tout fait pour les posthumes et d'avoir manqué à l'*officium pietatis* en ne les instituant pas, puisque cette institution lui aurait profité par le droit honoraire, ainsi que nous l'avons dit.

Ulpien (l. 6, D.) nous dit également que l'enfant, tiré du sein de sa mère par l'opération césarienne, peut attaquer son testament comme inofficieux. Il pouvait de même attaquer le testament de son ascendant paternel.

La mère n'ayant pas la puissance paternelle sur ses enfants, les femmes ne purent pas originairement faire d'adoption. Les empereurs Maximien et Dioclétien accordèrent par un rescrit à la femme le droit d'adopter (l. 5, C., *de Adopt.*), mais à la condition d'en demander la permission au prince. Aussi l'enfant adoptif n'avait-il droit à la *querela* contre le testament de sa mère, dans lequel il était omis, que s'il avait été régulièrement adopté. Ceci résulte de la loi 29, § 3, D. : « *Quoniam femina nullum adoptare filium sine jussu prin-* « *cipis potest, nec de inofficioso testamento ejus, quam quis* « *sibi matrem adoptivam falso esse existimabat, agere* « *potest.* »

II. — LES ASCENDANTS OMIS PAR LEURS DESCENDANTS PEUVENT FAIRE JUGER QUE CES DERNIERS ONT TESTÉ *contra officium pietatis.*

« *Nam etsi parentibus non debetur filiorum hereditas,* « *propter votum parentium, et naturalem erga filios carita-* « *tem, turbato tamen ordine mortalitatis, non minus paren-* « *tibus, quam liberis, pie relinqui debet.* (D., 1. 15, pr.) »

Parlons d'abord du père.

Pour que la question se pose, il faut supposer que le descendant est lui-même *sui juris, paterfamilias,* car l'enfant en puissance ne pouvait disposer que de son pécule; or, nous avons vu que le père n'avait rien à prétendre sur le pécule *castrans* ni *quasi-castrans* du fils, et à plus forte raison des autres descendants.

Nous avons vu la règle posée au § 2 des Institutes, qui refuse la *querela* à ceux qui ont un autre moyen d'arriver à la succession, s'appliquer invariablement à tous les descendants. Nous allons voir ici, en faveur du père émancipateur, une dérogation à cette règle.

La puissance paternelle ne pouvait être rompue, suivant la loi des Douze Tables que par trois ventes, trois mancipations successives; celui, au profit duquel la troisième mancipation avait eu lieu, affranchissait le fils; c'était la condition de son acquisition. Comme manumisseur, il avait sur lui les droits d'un patron et venait à sa succession avant le père mancipateur, qui était relégué dans l'ordre des cognats et ne pouvait qu'à ce rang exercer la *querela*. Le préteur retira au *manumissor extraneus* cet avantage sans raison et donna aux cognats, parmi lesquels était le père, la possession *unde decem personæ*, qui donnait à dix cognats les plus proches la préférence sur le *manumissor extraneus*. Grâce à cette institution, le père émancipateur arrivait ainsi à la succession après les descendants, et à ce rang il pouvait exercer la *querela*; s'il avait été omis, il n'avait que ce moyen d'arriver à la succession de son fils.

Mais en ajoutant à la troisième mancipation un contrat de fiducie par lequel l'acheteur s'engageait à remanciper le fils au père, celui-ci en affranchissant lui-même son fils pouvait se ménager ainsi sur lui les droits du manumisseur et du patron; or, le patron, omis dans le testament de l'affranchi, obtenait par la *bonorum possessio dimidiæ partis*, dirigée contre les institués, la moitié de la succession.

Plus tard, la clause de fiducie fut toujours supposée.

Le père émancipateur arrivant ainsi à la succession de son fils, par la *possessio dimidiæ partis contra tabulas*, n'aurait pas dû, en vertu de la règle posée dans le § 2 des Institutes, avoir droit à la *querela* contre le testament du fils qui l'avait omis. Pourtant la loi (1, § 6, D., « *si a parente quis manumissus sit* ») consacre la faculté pour l'ascendant émancipateur de cumuler les deux actions : « *Patrem autem accepta contra « tabulas bonorum possessione, et jus antiquum, quod et sine « manumissione habebat posse sibi defendere, Julianus « scripsit : nec enim ei nocere debet, quod jura patronatus « habebat, cum sit et pater.* » Il a le droit d'un patron et il est père, c'est parce qu'il a une double qualité et une double vocation à l'hérédité de son fils, que ce cumul lui est permis : il emprunte à chacune de ces qualités l'avantage qu'elle comporte.

Cette distinction entre les droits de l'ascendant émancipateur comme patron et comme ascendant est confirmée par la loi 16, § I, D. Il ressort de ce texte qu'entre un père émancipateur et une fille dont l'un est omis et l'autre déshéritée, le père a agi le premier et s'est fait envoyer en possession *contra tabulas dimidiæ partis ;* la fille vient ensuite intenter la *querela* et réussit ; toute la succession doit être rendue à la fille et la possession du père est nulle : « *Nam priore judicio* « *de jure patris, non de jure testamenti quæsitum est.* » Cette explication, donnée par Papinien, suppose bien que le père avait les deux actions distinctes, et le texte entier fait bien saillir l'importance de la distinction.

§

Le droit de succession ne dérivant à l'origine que du lien de puissance, nous savons que la mère ne succédait pas plus à ses enfants, en cette seule qualité, que les enfants ne lui succédaient. Nous avons dit déjà que la mère sous la *manus* de son mari était l'agnate de ses enfants et regardée comme leur sœur consanguine ; comme telle, elle leur succédait et, omise dans le testament, elle avait droit à la *querela*.

Quand la *manus* disparut, le préteur accorda bien aux mère la possession *unde cognati*, mais les cognats venant après tous les agnats, la mère n'était appelée à la succession de ses enfants qu'après tous les collatéraux.

Justinien nous dit (§ I, *de Sen. Tertul.*) que ces rigueurs du droit furent corrigées et que le divin Claude, le premier, pour consoler une mère de la perte de ses enfants, lui déféra leur hérédité légitime. Mais la réforme ne fut faite que par le sénatus-consulte tertullien ; il appela la mère à la succession légitime de ses enfants et l'éleva au rang d'agnate, mais la mère seule (§ 2 *loc. cit.*) « *matri non etiam aviœ.* » Les autres ascendants ou ascendantes maternels, non plus que les ascendantes paternelles, ne furent compris dans la réforme.

Le sénatus-consulte Tertullien subordonna la vocation de la mère à la condition du *jus liberorum,* acquis par la procréation successive de trois ou quatre enfants. Justinien supprima cette condition, et, au § 4, loc. cit. il règle ainsi le droit de la mère : elle est primée, comme elle l'avait toujours été, par les descendants et le père du défunt, mais elle exclut tous les autres héritiers légitimes, tous les collatéraux à l'exception de frères ou sœurs agnats et cognats, peu importe. En présence de frères et sœurs la mère prend une part virile; en présence de sœurs seulement elle prend la moitié de la succession. Le droit pour la mère d'attaquer le testament de son fils, où elle avait été omise, suivit pas à pas son droit à la succession du fils.

III. — Quel était enfin le droit des collatéraux?

Les frères et sœurs du défunt furent toujours les seuls collatéraux admis à attaquer, par la *querela inofficiosi testamenti,* le testament où ils étaient omis. Mais à l'origine les frères et sœurs consanguins seuls avaient ce droit, pourvu que le lien d'agnation entre eux et le défunt n'eût pas été dissous. M. Accarias (*Précis* n° 353, 4°) explique cette admission des frères et sœurs, limitée aux consanguins agnats, par cette conjecture que peut-être cette application de la *querela* dérive de cette idée que les biens du défunt avaient été autrefois la copropriété de l'héritier, alors que les uns et les autres étaient soumis à la puissance du père commun.

Ainsi les sœurs consanguines mariées, les frères émancipés qui concouraient avec les frères et sœurs agnats à la succession de leur frère prédécédé, n'avaient pas le droit d'intenter la *querela* contre le testament où ils étaient omis ; à plus forte raison, les frères utérins, qui ne succédèrent à leur père que par le droit des Novelles, étaient-ils exclus de la *querela*.

Justinien (§ 1, *de inof. test.*) semble avoir effacé toutes ces différences : « *soror autem et frater* », dit-il, sans faire la moindre distinction. Cependant la loi 27 au Code écarte formellement de la *querela* les frères et sœurs utérins du défunt, et nous donne la mesure de la réforme introduite par Justinien en nous montrant les frères et sœurs consanguins, agnats ou non, admis à la *querela*.

La novelle 118, ch. 3, effaça toute différence et admit les frères et sœurs sans distinction à la succession de leur prédécédé et à la plainte d'inofficiosité contre le testament où ils n'étaient pas nommés.

§

Mais en tous temps, les frères et sœurs ne furent jamais admis à exercer la *querela* contre le testament de leur frère prédécédé, que lorsque l'institué était une personne mal famée, *turpis*, ou dont l'*existimatio* n'était pas entière, quand même elle n'aurait subi qu'une atteinte légère ; ou enfin si 'institué était un affranchi indigne, quoique déjà comblé des bienfaits de son pâtron, à moins toutefois que ce ne fût un institué héritier nécessaire

Sur cette dernière disposition, Pothier, dans ses *Pandectes*, X, *de inof. test.*, se disant d'accord avec Cujas, observe que si la *querela* n'est pas admise contre l'esclave institué héritier nécessaire, c'est que le testateur est présumé n'avoir pas testé en haine de ses frères et sœurs, ni leur avoir préféré cet esclave, mais avoir voulu seulement sauver son honneur de la honte d'une *venditio bonorum*, sous son propre nom ; et il ajoute que les frères et sœurs auraient la *querela* si la succession était opulente.

Quant aux collatéraux autres que les frères et sœurs, Ulpien (l. 1, C.) les engage à ne pas faire de frais pour intenter la *querela*, parce qu'ils ne doivent pas avoir le moindre espoir de réussir. La loi 21 au Code donne une décision absolument semblable.

§

Pour être admis à la *querela*, il fallait, comme nous l'avons vu, être héritier et, parmi les héritiers, être le premier appelé, en supposant le testateur mort *intestat*.

Mais si celui qui venait au premier degré pour former sa demande en inofficiosité ne pouvait ou ne voulait le faire, le plus prochain héritier après lui le pouvait-il? La question en avait été posée : elle fut résolue affirmativement : « *si is, qui* « *admittitur ad accusationem nolit, aut non possit accusare,* « *an sequens admittatur, videndum est : et placuit, posse : ut* « *fiat successioni locus.* » La plainte d'inofficiosité était dévolue comme la succession (D., l. 31, p.). Si même le premier appelé avait échoué, la *querela* passait à l'appelé suivant.

La loi 14 au Digeste en donne un exemple : un père a émancipé son fils et retenu sous sa puissance le petit-fils qu'il avait eu de son fils émancipé; ce dernier, après avoir eu un second fils, est mort déshéritant ses deux enfants et omettant son père. Le droit du père est suspendu par le droit préférable des enfants, mais si ceux-ci échouent, le père peut intenter la plainte et poursuivre son droit.

Celui qui intentait la plainte d'inofficiosité demandait à prouver qu'une injustice avait été commise à son égard et l'idée d'une injure à lui faite était comprise dans son action; de là le caractère tout personnel de la *querela* et cette dispo-

3

sition qui faisait qu'on n'eût pas pu l'intenter au nom d'autrui et que le père ne pouvait le faire pour son fils, sans son consentement. (D., l. 8, p. *a ipsius enim injuria est.*) »

Il fallait que celui qui voulait intenter la plainte d'inofficiosité n'eût pas reçu par disposition de dernière volonté le quart au moins de ce qu'il aurait pu recueillir dans la succession *ab intestat.*

Si l'on eût seulement exigé du testateur qu'il ne déshéritât pas ou n'omît pas les héritiers privilégiés qui, au cas d'omission de sa part ou d'exhédération, avaient droit à la *querela inofficiosi testamenti,* le but proposé n'aurait pas été atteint; le testateur aurait pu, par une institution dérisoire « *ex millesima parte* », tromper l'intention des réformateurs et disposer en réalité de toute sa fortune au profit d'étrangers. Aussi nous allons voir que la *querela inofficiosi testamenti* eut bien moins pour objet de contraindre le testateur à instituer ses héritiers que de le forcer à leur faire parvenir une partie de ses biens.

Il est probable qu'à l'origine, le Tribunal des Centumvirs, qui était souverainement saisi de toutes les questions de succession, et notamment de la plainte d'inofficiosité, fut juge de la question de savoir si les dispositions faites par le testateur au profit des héritiers privilégiés avaient une importance suffisante pour que l'*officium pietatis* pût être déclaré satisfait.

L'on sentit bientôt la nécessité de donner à la *querela* une base uniforme et certaine, et la législation des Prudents décida que le testateur devait assurer à ses héritiers privilégiés le quart au moins de ce que leur donnait sa succession *ab intestat.*

« *Igitur quartam quis debet habere, ut de inofficioso testa-*

« *mento agere non possit, sive jure hereditario sire juve legati*
« *vel fideicommissi, vel si mortis causa ei quarta donata*
« *fuerit.* » (*Institutes*, § 6.)

Cette quarte ainsi réservée fut appelée quarte légitime ou plus
brièvement *légitime*.

Tous les héritiers privilégiés admis au bénéfice de la *querela* avaient droit à la quarte, ceci est certain et résulte d'ailleurs de la rédaction du texte des Institutes et des termes généraux dont il se sert.

Les descendants et les ascendants avaient à cet égard les
mêmes droits. Quant aux frères et sœurs, ils ne pouvaient
évidemment prétendre à la quarte, que si l'institué était une
personne *turpis*.

Justinien (Novelle 18, chapitre I) augmenta l'importance
de la légitime.

Il est dit dans cette novelle que si le nombre des enfants
ne dépasse pas quatre, il doit leur être accordé le tiers des
biens du défunt, et que s'ils sont en plus grand nombre ils
ont droit à la moitié.

« *Hoc observando*, ajoute Justinien, *in omnibus personis,*
« *in quibus ab initio antiquæ quartæ ratio de inofficioso lege*
« *decreta est.* » D'où l'on doit conclure que cette augmenta-
tion de la légitime s'appliquait également aux ascendants et
aux frères et sœurs, à qui des personnes honteuses avaient été
préférées.

La nouvelle assiette donnée par Justinien à la légitime
présentait ceci de bizarre, c'est que les héritiers étaient plus
favorisés quand ils concouraient au nombre de cinq, que
quand ils concouraient au nombre de quatre : dans le premier
cas ils avaient droit à un dixième des biens et à un douzième
seulement dans le second cas.

Comme confirmation de ce que nous disions tout à l'heure

sur la nature de la contrainte imposée au testateur par l'institution de la *querela*, nous voyons dans le texte des Institutes que
l'héritier pouvait avoir été exhérédé ou omis sans que la plainte
fût pour cela admissible, si d'autre part par legs *fidei-commis*
ou donation à cause de mort il était rempli de sa légitime.

Ulpien (loi 18 *et lib. et post.*) nous en donne la raison :
« *Multi non notæ causa exheredant filios, nec ut eis obsint,*
« *sed ut eis consulant ut puta impuberibus : eisque fideicom-*
« *missam hereditatem dant.* » L'exhérédation pouvait en
effet être fondée sur l'intérêt de l'enfant, afin, par exemple, de
lui éviter les ennuis d'une succession difficile.

La disposition du § 6 des Institutes nous est confirmée en ce
qui touche l'effet de la donation à cause de mort par la loi 6,
§ 6, au Digéste.

Il résulte encore du § 6 des Institutes rapporté plus haut
que c'était seulement par dispositions de dernière volonté,
c'est-à-dire testamentaires ou par donation *mortis causa*, que
la quarte devait être assurée à l'héritier, pour lui ôter le droit
de se plaindre. Une donation entre vifs, quelque importante
qu'elle eût été, ne lui aurait pas retiré ce droit si d'ailleurs le
testament ne le remplissait pas de sa légitime.

La raison de la règle qui nous occupe est écrite dans la
loi 6 au Code.

« *Cum quæritur, an filii de inofficioso patris testamento*
« *possint dicere; si quartam bonorum partem mortis tempore*
« *testator reliquit, inspicitur.* » C'était sur le patrimoine du
défunt au moment de sa mort que la légitime devait être
calculée.

La règle fut d'abord absolue, puis elle reçut un tempérament d'équité. On mit au rang des dispositions de dernière
volonté les dispositions faites en avancement d'hoirie ou pré-
sumées telles.

« *Si non mortis causa fuerit donatum, sed inter vivos, hac*
« *tamen contemplatione, ut in quartam habeatur, potest dici*
« *inofficiosi querelam cessare, si quartam in donatione habet.* »
(loi 25 D.) Si une donation avait été faite non à cause de mort,
mais entre vifs, avec cette intention toutefois qu'elle serait
imputée sur la légitime, le texte décide que dans ce cas la
plainte n'était pas admissible si la donation atteignait la
quarte.

§

La *contemplatio ut in quartam habeatur,* dont parle le texte
cité, fut supposée dans certaines donations. (Loi 29 C.)

Constantin décida que la donation *ante nuptias* des fils,
comme la dot des filles, serait imputée sur la légitime et que
les fils ou les filles qui en avaient été l'objet ne pouvaient
intenter la *querela.*

Justinien, loi 30, Code § 2, décida de même que toute
somme reçue du défunt *occasione militiæ* à l'effet d'acheter
un emploi militaire devait être imputée sur la légitime, et il
en donne pour raison que l'emploi ainsi acquis par les légitimaires leur appartenait absolument, si bien qu'ils pouvaient
le vendre et qu'ils en transmettaient la valeur vénale à leurs
héritiers : il dit même que l'emploi devait s'imputer sur la
légitime pour la valeur du grade que le légitimaire occupait
au moment du décès du testateur; c'était en effet de cette
valeur que le patrimoine du légitimaire s'était enrichi, et
c'était la valeur qu'il aurait transmise à ses héritiers s'il était
mort lui-même à ce moment.

Il excepte toutefois de cette imputation sur la légitime l'argent qui a servi à acquérir un emploi de silenciaire de son
palais, et n'en donne d'autre motif que la faveur de cet emploi.

Le partage d'ascendant, c'est-à-dire le partage que les

ascendants font de leurs biens entre leurs enfants, s'il avait donné à l'enfant le quart de ce qu'il eût recueilli dans la succession de l'ascendant était à l'abri de la *querela*, loi 8, C. « *Parentibus arbitrium dividendæ hereditatis inter liberos* « *adimendum non est : dummodo non minus is qui pietatis* « *sibi conscius est, partis, quæ intestato defuncto potuit ad* « *eum pertinere quartam ex judicio parentis obtineat,* »

Toutefois, à part les exceptions que nous venons de signaler, les donations entre-vifs, quelque importantes qu'elles fussent, eussent-elles même absorbé en partie ou en presque totalité le patrimoine du donateur, n'empêchaient pas le légitimaire exhérédé d'intenter la *querela*.

§

Nous venons de voir qu'il importait peu que la quarte fût laissée au légitimaire par institution d'héritier, legs, fidéicommis ou donation à cause de mort, pourvu que la disposition au profit de l'héritier eût le caractère de libéralité de dernière volonté.

Justinien, dans la novelle 115, exigea que la légitime fût assurée à l'héritier par voie d'institution et admit pour tous les cas où il n'en serait pas ainsi la plainte d'inofficiosité.

Mais, en tout temps, des effets de la *Contemplatio ut in quartam habeatur*, exprimée ou présumée, bien différents étaient les effets d'un pacte intervenu entre le testateur et son fils portant que celui-ci n'attaquerait pas le testament de son père, moyennant certains biens ou certaines sommes d'argent que son père lui remettait de son vivant. Justinien, loi 35, § 1, C., nous dit qu'un tel pacte n'engage nullement le fils, et rapporte que c'était l'avis de Papinien qui pensait que le père devait plutôt par des bienfaits amener ses enfants à respecter sa volonté que de les lier par des pactes : « *Meritis*

« *magis filios ad paterna obsequia provocandos quam pactio-*
« *nibus adstringendos.* »

§

Comment faisait-on le calcul de la légitime, et que repré-
sentait le quart de la succession réservé au légitimaire?
Disons-le tout de suite, la quarte légitime ne fut qu'une
émanation de la quarte Falcidie; il n'y a pas deux opinions
possibles à cet égard. D'ailleurs, la quotité de l'une de ces
réserves commandait, pour ainsi dire, la quotité de l'autre.

Afin que l'institution d'héritier ne fût pas une vaine
parole, et pour mettre un tempérament aux libéralités dont
le testateur pouvait grever l'institué, la loi Falcidie avait
décidé que l'institué pourrait toujours retenir à son profit le
quart de l'hérédité *ab intestat*. Pouvait-on, quand il s'agissait
de faire la part de l'exhérédé, le mieux traiter que l'institué
et lui assurer une part plus forte?

La quotité de la quarte légitime fut calquée sur celle de
la quarte Falcidie. La masse qui servait à les calculer se
formait de la même manière pour l'une et pour l'autre. Trois
règles étaient observées dans la formation de cette masse :

1° Elle ne devait comprendre que le quart des biens
appartenant au testateur au jour même de son décès : « *Cum*
« *quæritur, an filii de inofficioso patris testamento possint*
« *dicere, si quartam bonorum partem mortis tempore testator*
« *reliquit, inspicitur* (l. 6, C.).

Si donc, par des libéralités entre-vifs, le testateur a réduit
son patrimoine, ou l'a même épuisé, comme ce n'était jamais
que ce qui composait le patrimoine, au jour du décès, qui
entrait dans le calcul de la quarte, les héritiers légitimaires
n'étaient pas autorisés à critiquer ces libéralités, pourvu que
le testament leur assurât le quart de ce qui restait. C'était

un moyen pour le testateur de dépouiller les légitimaires
tout en les instituant dans son testament; c'était même un
moyen de rendre inutile en cas d'exhérédation la plainte
d'inofficiosité, car si le père avait tout donné de son vivant,
la plainte n'aboutissait à rien. Les donations ne pouvaient
être réduites pour parfaire la légitime, car la légitime n'était
due que sur les biens de succession. Il en était autrement des
donations à cause de mort, des legs et des fidéicommis qui
ne s'exécutaient que prélèvement fait de la légitime, et qui
contribuaient au besoin à la compléter.

Mais les empereurs corrigèrent l'exception exorbitante
établie en faveur des donations entre-vifs; ils admirent les
légitimaires à critiquer ces donations et leur donnèrent une
action *ad exemplum inofficiosi.* Grâce à cette action, que le
donateur fût mort *testat* ou *intestat,* les légitimaires pouvaient
faire rescinder la donation comme inofficieuse, mais seulement jusqu'à concurrence de leur légitime. Cette action était
d'ailleurs soumise à toutes les règles de la *querela;* comme
elle, elle n'appartenait jamais qu'aux héritiers appelés, et
n'était reçue qu'en l'absence de toute autre voie. Ainsi (l. 4,
C. *de Inoff. donat.*), Si le défunt était mineur de vingt-cinq ans,
le légitimaire devait employer la voie de l'*in integrum resti-
tutio* qui lui était d'ailleurs plus avantageuse : elle faisait
tomber la donation tout entière; la *querela* l'eût seulement
rescindée en partie.

Cette disposition qui excluait de la masse, sur laquelle
devait se calculer la légitime, les biens donnés entre-vifs,
était étroitement corrélative à la règle déjà posée qui n'admettait pas en principe que les donations entre-vifs s'impu-
tassent sur la légitime. Ces deux règles devaient subir les
mêmes exceptions. Ainsi, lorsque la loi 25 au Digeste décide
que la donation faite *hac contemplatione, ut in quartam*

habeatur, fera perdre le droit à la *querela* et donnera, s'il y a insuffisance, lieu à l'action en complément, et que, dans tous les cas, le légitimaire sera tenu de supporter ce qui lui a été donné, il est sous-entendu que le calcul de la quarte se fera sur les biens de la succession, en y joignant les biens ainsi donnés. De même, il n'était pas douteux que les biens donnés *propter nuptias*, la dot, l'argent donné *ad emendam militiam,* ne fussent compris dans la masse pour établir le calcul de la légitime.

2° Elle ne se comptait que déduction faite des dettes et des frais funéraires.

3° Comme la quarte Falcidie, bien qu'après des hésitations, elle ne se comptait que déduction faite des libertés données par le testament, c'est-à-dire que les esclaves affranchis diminuaient la masse et par suite la légitime.

Cette dernière décision pouvait donner lieu à un abus que prévoit et corrige Ulpien dans la loi 8, § 9, D. Un père dont le patrimoine consistait en esclaves, pouvait léguer leur liberté à tous ses esclaves, par le testament même qui instituait son fils, et dépouiller ainsi complétement ce dernier, sans qu'il eût la faculté de faire tomber le testament de son père. Si le fils était héritier *sien*, il n'y avait pas de remède, et ce jurisconsulte n'en propose pas. Mais, pour le cas où le fils était émancipé, il devait, dit Ulpien, répudier la succession qui passait alors au substitué, s'il y en avait un, et intenter la *querela* contre ce substitué. S'il n'y avait pas de substitué, le testament étant *destitutum*, le fils prenait alors la succession *ab intestat ;* il n'avait pas à craindre la peine de l'édit. Cette peine avait été écrite contre ceux qui répudiaient la succession uniquement pour anéantir les libéralités testamentaires, mais la renonciation du fils n'avait pas eu un pareil but et n'avait eu que celui de lui faire obtenir sa légitime.

En définitive, la légitime se prenait sur l'actif net composant l'hérédité au jour du décès du testateur, déduction faite des dettes du défunt, des frais funéraires et des affranchissements contenus dans le testament.

C'était le quart de l'actif ainsi composé que le testateur devait assurer par son testament à ses légitimaires.

§

Une question, touchant le calcul de la légitime, naissait forcément du concours de plusieurs légitimaires. Entre deux fils déshérités un seul intentait l'action. Comme il suffisait, pour être exclu du droit d'intenter la plainte, que l'on eût reçu le quart de la portion de la succession à laquelle on avait droit, il fallait voir, dit Papinien (l. 8, § 8, D.), si, dans notre hypothèse, l'exhérédé qui ne se plaignait pas réduisait l'action du plaignant à une portion de la succession, « *an exheredatus partem faciata qui non queritur.* » Et Papinien répond que dans ce cas, le fils déshérité, qui intente la plainte, ne peut l'intenter que pour la moitié de la succession. « *Et si dicam inofficio-* « *sum, non totam hereditatem debeo, sed dimidiam petere.* »

Ainsi, chacun ne pouvait attaquer le testament qu'à raison de sa portion héréditaire ; et comme il ne pouvait obtenir par la *querela* que le quart de cette portion, si le testateur la lui donnait, il ne pouvait se plaindre ; et si, dans l'hypothèse choisie, le fils avait reçu un huitième de la succession, son action n'eût pas été recevable.

Le droit de se plaindre se divisait entre les petits-enfants, comme la succession, et Papinien nous dit que, par la même raison, s'il se présentait des petits-enfants nés de deux fils du testateur, en supposant que du chef de l'un d'eux il se présentât un seul petit-fils, et que du chef de l'autre il s'en présentât trois, le petit-fils seul dans sa branche ne pouvait attaquer le testament, s'il avait reçu de l'aïeul le quart de la moitié de la succession, soit un huitième, tandis qu'il suffisait que chacun des trois petits-enfants de l'autre branche eût reçu le quart du sixième qui lui revenait dans la succession *ab intestat*, soit un vingt-quatrième pour n'avoir pas droit à la *querela*.

Le droit du légitimaire à intenter la *querela*, en cas d'insuffisance des biens à lui laissés, était donc toujours réduit, par la présence de légitimaires du même degré, au quart de sa portion héréditaire, lors même qu'il intentait seul la *querela*, tous les autres y renonçant.

Nous verrons plus tard quel était l'effet du succès de la plainte intentée dans ces conditions.

§

Mais il ne suffisait pas que le quart de sa portion héréditaire eût été assuré par disposition de dernière volonté au légitimaire, il fallait encore que ce fût par une disposition pure et simple, et toute disposition qui eût obtenu une condition, un terme ou une restriction quelconque aurait dû être assimilée à une libéralité insuffisante et eût laissé place à la *querela*.

Cette nouvelle exigence en ce qui touche les conditions qui auraient pu être ajoutées à la libéralité ressort d'une constitution des empereurs Maximien et Dioclétien (L. 35. C.) qui autorise par exception l'institution sous condition. Ce texte nous permet de donner à la règle sa véritable portée en disant que l'institution ou la disposition était valable et suffisante, bien que sous une condition, si celle-ci était écrite dans le seul intérêt du légitimaire ; le texte approuve la disposition d'une mère qui, suspectant les mœurs de son mari et ne se souciant pas de voir les biens qu'elle pouvait laisser à ses enfants tomber dans les mains de leur père, avait institué ces derniers sous la condition qu'ils seraient émancipés par leur père. Grâce à l'expression de cette volonté, le père qui ne remplis-

sait pas la condition ne pouvait se faire mettre en possession
des biens et il ne pouvait faire tomber le testament de la mère
comme inofficieux au nom de ses enfants, parce que la mère
n'avait commis aucune injustice à leur égard, mais que plutôt
elle avait été prévoyante; s'il s'était mis en possession des
biens, il ne pouvait les garder.

On ne devait pas considérer comme une condition pouvant
diminuer la valeur de l'institution la substitution pupillaire
que le père de famille aurait faite en faveur de son fils impubère, tout en l'instituant (D., l. 8, § 7) : « *Si quis impuberi*
« *filio substituit, secundum Tabulas faciendo, non ob hoc*
« *admittemus ipsum impuberem ad inofficiosi querelam.* »
Même solution au Code, l. 26. Il est évident que la substitution dont il s'agit était favorable à l'impubère, d'après l'esprit
de la législation, et dans tous les cas c'était de la part du père
l'usage d'une faculté écrite dans la loi.

Le terme apposé à l'institution la viciait également; on
peut l'entendre de deux manières. Le testateur a disposé en
disant que l'hérédité appartiendrait à un étranger jusqu'à
une époque fixe, époque à laquelle ce dernier devrait la
remettre au légitimaire : c'est le terme *a die ;* l'institution
affectée de ce terme aurait été certainement attaquable. Ceci
résulte de la loi 36 au Code, § 1. En second lieu, le testateur
a pu disposer en faveur du légitimaire en disant qu'il serait
tenu de restituer au bout d'un certain temps, c'est le terme
ad diem qui eût également vicié la disposition. Ceci résulte
de la loi 8, § 11, D., qui nous apprend en même temps que
celui à qui le testament aurait donné, sous la condition de
restitution que nous venons d'indiquer, une part plus forte
que la légitime, n'était pas admis à attaquer le testament, s'il
pouvait obtenir sa légitime sur les fruits : « *Fructus solere in*
« *Falcidiam imputari non est incognitum. Ergo etsi ab initio,*

« *ex semisse heres institutus, rogetur post decennium restituere*
« *hereditatem, nihil habet, quod queratur : quoniam facile*
« *potest debitam portionem, ejusque fructus medio tempore*
« *cogere.* » Et le texte nous signale cette proposition comme
une analogie de plus entre la quarte légitime et la quarte
Falcidie.

Nous trouvons une solution analogue dans la loi 12 au
Code. Ce texte décide qu'une disposition du montant de la
légitime, avec la charge imposée au légitimaire, pour le cas
où il décéderait avant un certain âge, de restituer ce qu'il
aurait reçu à l'institué ou au légitimaire en concours avec
lui, ne vicierait pas le testament, si, d'autre part, semblable
charge avait été imposée, au profit du légitimaire, à l'institué
ou au légitimaire en concours avec lui : « *Si pater puellæ*
« *filio ex semine, ipsa autem ex triente, et uxore ex reliquo*
« *sextante scriptis heredibus, fideifiliorum commisit, ut si*
« *quis eorum intra vigintiquinque annos ætatis decederet,*
« *superstitibus portionem restitueret : præterea uxori, ut id,*
« *quod ex causa hereditatis ad eam pervenisset, filiis post*
« *mortem suam restitueret fideicommisit : calumniosam inof-*
« *ficiosi actionem adversus justum judicium testatoris insti-*
« *tuere non debetis : cum ex hujusmodi fideicommissaria*
« *restitutione tam matris quam fratris ejus portio ad eam*
« *poterat pervenire.* » C'est qu'en effet il y a, dans l'hypothèse
prévue au texte, une véritable compensation organisée qui
exclut d'abord l'idée d'une injustice et d'une spoliation de la
part du testateur et écarte l'idée d'un préjudice.

§

Il ne suffisait pas, en effet, que la disposition pût échapper à l'accusation d'injustice et d'injures de la part du testateur, si toutefois, même par un effet indépendant de sa vo-

lonté, la légitime n'était pas effectivement assurée à l'héritier privilégié. La bonne intention du testateur ne suffisait pas, cela se comprend, et si un déficit existait réellement au préjudice de l'héritier, il fallait qu'il y fût remédié.

Quel effet produirait dans cet ordre d'idées le legs de la chose d'autrui?

La question dépendit d'abord d'une pure question de forme : le legs de la chose d'autrui n'était valable à l'origine que si le testateur employait la forme du legs *per damnationem*, l'institué avait charge de se procurer la chose léguée et le légataire pouvait l'actionner pour l'y contraindre. Si le propriétaire de la chose ne voulait pas la vendre, l'institué devait en payer l'estimation. Tout autre mode de disposition testamentaire ne donnait aucune valeur au legs et le bénéfice de la *querela* appartenait certainement au légitimaire.

Il en fut autrement lorsque le sénatus-consulte Néronien vint déclarer que le legs de la chose d'autrui serait valable en la forme, quel que fût le mode de tester employé et la validité du legs dépendit alors de la science ou de l'ignorance dans laquelle le testateur avait pu être qu'il testait de la chose d'autrui. Le legs devait être exécuté si le testateur avait su que la chose léguée ne lui appartenait pas; il était nul si le testateur l'avait ignoré, et la plainte d'inofficiosité était ouverte au légitimaire si, le legs faisant défaut, la légitime n'était pas attteinte.

Justinien, dans cette voie, alla jusqu'à admettre que l'éviction postérieure au décès du testateur était au compte de ce dernier et de sa succession, si bien qu'il décidait que le légitimaire ne pouvait pas en souffrir, et il n'est dit nulle part, à notre connaissance, que cet effet de l'éviction dût être restreint à l'éviction ayant une cause antérieure à l'ouverture du droit du légitimaire.

La loi 36 au Code nous explique l'innovation de Justinien, mais cette innovation est étroitement liée à une autre plus générale dont Justinien fait mention et dont nous allons rendre compte, qui porte sur la nature de l'action ouverte au légitimaire. Si, en effet, Justinien eût fait naître de l'éviction un droit à la *querela*, sa décision eût été tout à fait exorbitante, mais nous allons voir que l'éviction donnait simplement ouverture à une action en complément.

§

Nous avons jusqu'ici laissé supposer que de quelque façon qu'il fût lésé par le testament, depuis le cas où il était exhérédé ou omis injustement jusqu'au cas où il avait seulement à se plaindre d'une condition ou d'une charge grevant la libéralité à lui faite, le légitimaire n'avait qu'un moyen pour parvenir à sa légitime, la *querela inofficiosi testamenti*.

Il en fut toujours ainsi pour le cas où le légitimaire n'avait absolument rien reçu et où le testament n'était pas pour cela frappé de nullité. Lorsque le légitimaire n'avait reçu qu'une partie de ce qui lui était dû, il avait à l'origine et dans le droit classique le droit d'intenter la *querela*, mais il avait toujours été admis que le légitimaire pût, au lieu d'intenter la *querela* qui tendait à faire annuler le testament, demander le simple complément de sa quarte (PAUL, lib. IV, tit. v, § 7): « *Filius* « *judicio patris si minus quarta portione consecutus sit, ut* « *quarta sibi a coheredibus fratribus citra inofficiosi quere-* « *lam impleatur, jure desiderat.* »

Toutefois la faculté qui lui était laissée d'attaquer le testament par la *querela,* comme s'il n'avait absolument rien reçu, pouvait conduire à des résultats bien abusifs. Car enfin il était possible que le testateur eut eu l'intention de laisser à son héritier sa légitime, et que pourtant il n'y eût pas réussi, soit qu'il ignorât [alors l'importance de sa fortune, soit qu'il l'eût accrue par des acquisitions postérieures. Exposer, dans ce cas, le testament du père de famille à être annulé, c'était certainement une exagération très-inutile de la faveur due aux héritiers privilégiés. Les jurisconsultes de l'époque classique osèrent à peine toucher au principe, mais décidèrent que le père de famille qui, prévoyant que la libéralité par lui faite au légitimaire pouvait être insuffisante, avait inséré dans son testament la clause formelle, *ut quarta arbritatu boni viri répleretur* (l. 4., C. Th.), aurait mis son testament à l'abri de la *querela*.

Justinien sous-entendit cette clause dans tous les testaments (l. 30, Code pr.). Il déclare qu'il veut extirper les clauses infinies qui empêchent les testaments d'avoir leur plein effet, et il décide qu'au cas d'une décision insuffisante, le testament sera toujours valable, et que le légitimaire devra, au lieu d'exercer la *querela*, agir en complément, et ce, que le testateur ait exprimé ou non qu'il entendait que la légitime fût complétée.

Aux *Institutes*, § 3, Justinien est encore plus large : Quelque portion de l'hérédité, dit-il, que le légitimaire ait reçue, il doit laisser de côté la *querela* et exercer l'action en complément : « *Sin vero quantacunque pars hereditatis vel res eis fuerit* « *relicta, de inofficioso querela quiescente, id quod eis deest,* « *usque ad quartam legitimæ partis repleatur, licet non fuerit* « *adjectum boni viri arbitratu debere eam compleri.* »

Il en était à l'origine de la condition, du terme et en général de toute restriction ou charge diminuant l'effet de la libéralité faite au légitimaire, comme de l'insuffisance de cette libéralité. Toutes les causes donnaient également lieu à la *querela* et le choix entre cette action et l'action encomplément appartenait au légitimaire.

Nous savons que sous Justinien cette dernière action restait seule ouverte, mais Justinien fit encore mieux, il réputa la condition, le terme et toutes les charges comme non écrites et décida que le legs s'exécuterait purement et simplement et immédiatement. (L. 32 au Code.)

Dans la loi 26, § 1, Justinien fait une application de la décision qui précède au cas où un terme *a die* aurait été apposé à l'institution et ordonne que le legs, le fidéicommis, ou l'hérédité seront remis au légitimaire immédiatement, sans attendre le délai fixé par le testament. Incidemment il prévoit le cas où l'institution affectée du terme dont il s'agit dépasserait la légitime et dispose alors que la portion correspondante à la légitime sera seule remise immédiatement à l'héritier, et que la remise du surplus par l'institué ne devra s'effectuer qu'à l'époque déterminée par le testament.

Enfin, suivant toujours la même voie, Justinien, dans la loi 36 pr. au Code, dont nous avons déjà parlé, s'inquiète du cas où les biens donnés entre-vifs ou à cause de mort par legs ou par testament ont été reçus et acceptés par le légitimaire comme suffisants et où il est ensuite évincé de ces biens, en tout ou en partie. Il prévoit de même le cas où l'exercice par l'institué du bénéfice de la Falcidie vient diminuer la libéralité faite au légitimaire, et il ordonne, soit que l'éviction porte sur tout ou partie des biens, que le complément soit fourni et il spécifie qu'il doit être fourni des biens du testateur, « *ex substantia patris,* » et qu'on ne pourrait pas compléter la légitime avec l'accroissement des biens laissés au légitimaire, tels que les fruits.

Nous verrons plus tard, quand nous aurons dégagé de toutes les dispositions qui nous sont parvenues sur ce sujet la véritable nature de la *querela inofficiosi testamenti,* de quel intérêt il pouvait être pour l'institué, les légataires et le légiti-

4

maire que celui-ci dût intenter l'une ou l'autre de ces deux actions, de la *querela* ou de l'action en complément.

§

En définitive, sous Justinien, la *querela* n'est plus admissible que si le légitimaire n'avait reçu aucune portion. Nous avons vu d'autre part qu'il fallait, pour que la *querela* fût écartée que le légitimaire eût reçu cette portion, si faible qu'elle fût, par voie d'institution d'héritier; faite par toute autre voie, la libéralité n'eût pas empêché le testament d'être déclaré inofficieux.

III

Des conditions exigées pour le succès de la QUERELA.

Une première condition de laquelle dépendait le succès de la *querela* était que le testateur n'eût pas eu juste cause d'exhéréder ou d'omettre le légitimaire qui l'intentait.

D'autres conditions étaient exigées que nous réunirons sous le titre de Conditions de forme.

PREMIÈREMENT. — IL FALLAIT QUE LE *querelans* N'EUT PAS ÉTÉ JUSTEMENT EXHÉRÉDÉ OU OMIS.

C'était en effet la condition essentielle du succès de l'action. Celui qui intentait l'action avait à prouver que le défunt avait testé *contra officium pietatis*, avons-nous dit au commencement. Nous avons vu quelle était la mesure de cet *officium pietatis* et quand on pouvait le déclarer trahi ou satisfait; il nous reste à dire que le testateur n'avait pas à y satisfaire et ne pouvait, avec succès du moins, être accusé de l'avoir trahi, s'il avait eu de justes motifs d'exhéréder ou d'omettre son héritier.

Rappelons que pour que l'injustice du testament pût être alléguée le testament devait être valable ; or, le testament du père qui omettait un de ses descendants par les mâles était nul. Le testament pouvait ainsi être attaqué au moyen de la *querela* par les descendants du père par les mâles, expressément exhérédés, et par tous les autres légitimaires simplement omis.

Le légitimaire, avons-nous dit, devait établir qu'il avait été injustement exhérédé ou omis. Dans le droit classique, il aurait fallu ajouter : ou qu'il avait été injustement réduit par le testateur à une portion de la légitime, sans examiner la nature de la libéralité.

Sous Justinien et sous la législation des Institutes et du Code il était redevenu suffisant de dire que la *querela* ne servait à établir que l'injustice de l'exhérédation ou de l'omission, puisque Justinien avait décidé que la moindre libéralité, quelque insignifiante qu'elle fût, ne vicierait pas le testament et donnerait lieu seulement à l'action en complément.

Sous la législation des Novelles nous devons dire que le légitimaire avait été admis à prouver qu'il avait été omis ou exhérédé injustement ou qu'il avait été injustement réduit, à moins que ce ne fût par voie d'institution.

Dans le droit classique et encore dans le droit du Code et du Digeste, les causes d'exhérédation étaient abandonnées à la discrétion du juge et toutes les solutions qui nous sont données dans ces deux compilations sont des décisions de fait ; il n'y avait pas alors de règles précises et de système organisé. L'obligation pour le testateur de motiver son exhérédation, qui ne fut d'ailleurs jamais imposée qu'au père de famille à l'égard des enfants *sui heredes*, n'avait pas été maintenue dans le droit classique.

Justinien revint à l'état ancien et en dépassa même les exi-

gences en étendant aux exclusions par omission la nécessité
pour le testateur d'exprimer ses motifs.

Justinien y ajouta même une innovation fort importante en
fixant limitativement dans la Novelle 115 les causes légitimes
d'exhérédation ; de sorte que le testament pour échapper à
la *querela* devait ou bien instituer le légitimaire pour une partie de ses droits tout au moins, ou bien le deshériter ou l'omettre, suivant les cas, en donnant pour motif l'un des chefs
d'indignité énumérés par Justinien dans la Novelle 115 ; et pour
que l'action intentée réussît il fallait que les causes d'exhérédation ou d'omission exprimées fussent prouvées par l'institué.

§

Disons d'abord quelles étaient les causes d'exhérédation
qui nous sont révélées par la lecture du Digeste et du Code.

Ce qui confime le caractère de solutions de fait que nous
donnions tout à l'heure aux dispositions, touchant ce point,
contenues dans ces recueils, c'est que la plupart des textes
que nous allons parcourir refusent la *querela* dans telles ou
telles circonstances données et que fort peu nous donnent des
exemples de cause légitimes d'exhérédation. Quand les jurisconsultes, les empereurs étaient consultés, ils répondaient et
ce sont ces réponses qui nous sont parvenues.

Dans quels cas les parents pouvaient-ils exhéréder leurs
enfants ? dans quels cas les enfants pouvaient-ils exhéréder
leurs parents et à qui incombait le fardeau de la preuve ?

1° Les lois 27, §§ 4 et 28 au Digeste prévoient le cas d'un
erreur commise par le testateur qui a cru son fils mort et l'a
deshérité, et ils admettent que le fils ainsi exhérédé peut intenter la plainte et que la succession lui appartiendra à condition toutefois qu'il fasse la délivrance des legs et des affranchissements contenues au testament. Tandis que la loi 28D... fait

remarquer que communément, lorsque le testament est cassé comme inofficieux, aucune de ses dispositions ne peut valoir.

La loi 3 au Code prévoit une hypothèse analogue. Une mère morte très-peu de temps après ses couches ou pendant l'accouchement n'avait pas pris le temps de faire son testament. Les empereurs Maximien et Antonin viennent au secours du fils et lui accordent, si les institués sont ses frères, une portion virile comme s'il avait été institué conjointement avec eux, et la *querela inofficiosi testamenti* pour le cas où les héritiers seraient des étrangers.

La loi 11 au Code décide que le père peut valablement exhéréder son fils qui avait choisi volontairement la profession d'athlète, à moins qu'il n'exerce lui-même cette profession.

La résistance aux ordres du père de famille eût été une juste cause d'exhérédation, mais elle pouvait être excusable. La loi 18 au Code nous en donne un exemple en accordant en ce cas la *querela* à l'enfant exhédéré ou omis pour cette raison : « La fille qui n'a pas voulu se séparer du mari auquel « elle était unie n'est pas valablement exhérédée par ce seul « motif et peut intenter la *querela*. »

La loi 20 au Code donne une solution analogue à l'égard de la mère.

Loi 19 au Code : « Le père peut exhéréder sa fille si elle « se conduit mal et mène une vie infâme. » Les empereurs Dioclétien et Maximien lui recommandent toutefois de ne pas être trop prompt.

Dans la Novelle 115, Justinien n'admet pas cette cause d'exhérédation si le père a gardé sa fille jusqu'à vingt-cinq ans sans la marier et si elle s'est mariée en dehors de lui.

La loi 23 au Code nous dit que le fils qui avait interdit par-devant témoins à sa mère de faire un testament lui avait manifestement fourni un juste motif d'exhérédation.

La faute ou l'indignité du père pouvait nuire au fils (loi 3, § 5, *de Bon. poss. cont. tab.*) Cela s'explique par cette raison que le père, s'il eût survécu, dépouillé lui-même de l'hérédité, n'aurait rien transmis à son fils, et cela explique comment un impubère ou un posthume pouvait être exhérédé. Justinien (loi 33, § 1, C.) déclare supprimer cet état de choses à l'égard de la mère qui a exhérédé son fils en haine du père.

2° Quels justes motifs d'exhérédation les ascendants pouvaient-ils donner à leurs descendants? La loi 28, C., *in fine*, nous en donne quelques exemples :

La mère qui avait tourmenté son fils par des actions déshonnêtes et des machinations indécentes, qui lui avait dressé des embûches ouvertement ou clandestinement, qui avait eu des relations amicales avec les ennemis de son fils, devait se soumettre à la volonté de son fils qui l'avait exhérédé.

3° A qui incombait le fardeau de la preuve? L'empereur Constantin (loi 28 au Code) fait une distinction entre les enfants et les parents.

Les enfants qui se plaignent doivent prouver qu'ils ont toujours rempli tous leurs devoirs vis-à-vis de leurs parents, à moins que l'héritier n'aime mieux prouver l'indignité du fils.

Lorsqu'un ascendant attaque le testament de son enfant, c'est à l'institué à prouver que l'enfant a eu juste cause d'exhéréder son ascendant.

§

Justinien limite expressément dans les Novelles 115 et 22 les causes d'exhérédation tant du fait des enfants que du fait des parents.

1° Il énumère quatorze causes d'exhérédation du chef des enfants (Nov. 115).

Étaient justement exhérédés :

§ 1. — L'enfant qui avait frappé son ascendant ;

§ 2. — Celui qui avait commis à son égard une injure grave ;

§ 3. — Celui qui avait porté contre lui une accusation capitale, s'il ne s'agissait pas toutefois d'un crime de lèse, majesté ou contre l'État ;

§ 4. — Celui qui s'était associé avec des malfaiteurs ;

§ 5. — Celui qui avait attenté à la vie d'un de ses parents par le poison ou de toute autre manière ;

§ 6. — Celui qui avait eu des relations coupables avec la femme de son père ou sa concubine ;

§ 7. — Celui qui avait causé à ses ascendants un préjudice en les dénonçant ;

§ 8. — Celui qui n'avait pas voulu se porter fidéjusseur pour faire sortir son père de prison ;

§ 9. — Celui qui avait voulu empêcher son ascendant de tester ;

§ 10. — Celui qui s'était, contre le gré de ses parents, enrôlé dans une troupe de gladiateurs ou de comédiens et avait embrassé une pareille profession, si toutefois son père ne l'exerçait pas lui-même.

§ 11. — La fille ou la petite-fille à laquelle le père avait proposé de la marier et de la doter selon sa fortune, et qui avait préféré une vie de débauche ;

§ 12. — Celui qui n'avait pas eu soin de son ascendant atteint de folie ;

§ 13. — Celui qui ne s'était pas empressé de racheter son ascendant en captivité ;

§ 14. — Celui qui était hérétique.

2° Du chef des ascendants il admet (chap. iv) huit causes d'exhérédation dont sept ne sont que la répétition appliquée aux ascendants des causes d'exhérédation admises du chef des descendants aux § 3, 5, 6, 9, 12, 13 et 14 du chapitre iii. Il y ajoute le fait d'avoir attenté à la vie de son conjoint, ascendant du testateur.

3° Les chefs d'exhérédation du chef des frères et sœurs sont énumérés (Nov. 22, chap. xlvii, Pr.) au nombre de trois.

Pouvaient être exhérédés :

1° Celui qui avait tenté de donner la mort à son frère ;

2° Celui qui avait porté contre lui une accusation capitale ;

3° Celui qui avait essayé de nuire à sa fortune.

Rappelons toutefois que l'omission d'un collatéral ne donnait lieu à la plainte d'inofficiosité que si l'institué était une personne *turpis*.

DEUXIÈMEMENT. — CONDITIONS DE FORME :

Ces conditions peuvent être classés de la manière suivante :

I. — Dans quel délai l'action devait être exercée.

II. — Contre qui l'action devait être dirigée.

III. — Quel était le tribunal compétent.

IV. — Comment s'exerçait l'action.

V. — Le jugement rendu sur la plainte d'inofficiosité était susceptible d'appel.

I. — DANS QUEL DÉLAI L'ACTION DEVAIT ÊTRE EXERCÉE.

Il résulte des l. 8, § 17, et l. 9, D., et l. 34 *in fine*, C., que l'action devait être exercée dans un délai de cinq ans. On ne s'entendait pas sur le point de départ de ce délai. Modestin le faisait courir du jour du décès; Ulpien du jour seulement de l'adition. Cette seconde opinion était la plus logique, puisque la plainte d'inofficiosité, comme nous le verrons, devait être dirigée contre celui qui détenait l'hérédité, et supposait l'adition faite par l'institué.

Justinien, l. 36, § 2, D., rapporte la controverse et consacre la dernière opinion, mais il ne veut pas que l'institué, en ne faisant pas adition, puisse suspendre le droit de l'héritier; il ordonne en conséquence que, si, après le décès du testateur, il y a lieu à l'exercice de la *querela*, l'institué sera forcé d'accepter ou de répudier l'hérédité dans l'espace de six mois, s'il demeure dans la province où la succession a été ouverte et dans l'espace d'un an, s'il demeure dans une autre province. Ce délai courait du jour de la mort du testateur et, dès qu'il était écoulé, les héritiers pouvaient exercer la *querela* et le délai de cinq ans commençait à courir contre eux.

Toutefois ce délai de cinq ans n'était pas absolument rigoureux; la loi 8, § 17, D., nous dit en effet que le testament pouvait être attaqué après cinq ans, pour des causes très-justes et très-importantes. Mais dans ce cas le succès de la *querela* ne produisait pas tous ses effets ordinaires. Les affranchissements n'étaient pas révoqués, le légitimaire devait se contenter de vingt pièces d'or pour chaque esclave.

II. — CONTRE QUI L'ACTION DEVAIT ÊTRE DIRIGÉE.

L'action devait être dirigée contre l'héritier institué et elle pouvait être dirigée contre toutes personnes prises en cette qualité.

La loi 31 , § 1, D., nous dit, en effet, qu'en ce qui touche la plainte en inofficiosité de testament qui appartient aux enfants et aux parents, il n'y a pas à se préoccuper de savoir quel est l'héritier inscrit; il est indifférent que ce soit un des enfants du testateur, un étranger ou une communauté : « *Quantum ad inofficiosi liberorum vel parentium que-* « *relam pertinet, nihil interest quis sit heres scriptus, ex liberis* « *an extraneis, vel municipibus.* »

Bien mieux, la plainte peut être dirigée de même contre la personne du prince : « *Si imperator sit heres institutus, posse* « *inofficiosum dici testamentum, sæpe rescriptum est.* » (L. 8, § 1, D.)

Le premier texte cité dit que la personne de l'institué n'importait pas pour l'exercice de la plainte des enfants et des parents; il ne parle pas de la plainte des frères et sœurs; c'est que, comme nous l'avons vu, la plainte de ces derniers ne pouvait être intentée que contre une personne *turpis;* le texte a voulu poser une règle absolument vraie, il n'a pas voulu faire de distinction et il a laissé de côté le frère et la sœur. Il est néanmoins certain que ces légitimaires n'avaient pas à s'arrêter à la qualité de la personne, si toutefois elle était *turpis*, à moins qu'elle ne fût pas, en raison de cette qualité même, susceptible de l'être. Ainsi la personne impériale devait être toujours estimée personne honorable.

Mais si la plainte devait être dirigée contre l'institué, quel qu'il fût, c'était à condition qu'il détînt l'hérédité, sinon elle devait être dirigée contre quiconque la détenait; car la plainte d'inofficiosité devant servir à réparer l'injustice du testateur en faisant rendre aux légitimaires les biens dont ils avaient été dépouillés, c'était naturellement celui qui possédait ces

biens qui devait être actionné. Ainsi on pouvait intenter
l'action contre un fidéi-commissaire qui détenait l'hérédité à
ce titre.

Quand la succession avait été déclarée vacante, et que par
suite le fisc s'en était emparé, la plainte devait être suivie
contre lui (l. 10, C.) : « *Si heredum Quintiniani, quem patrem*
« *tuum esse dicis, adversus quos de inofficioso testamento*
« *acturus eras, jure successionis bona ad fiscum pertinent, vel*
« *ipsius Quintiniani bona, utpote vacantia, fiscus tenet : causam*
« *apud procuratorem nostrum agere potes.* »

III. — QUEL ÉTAIT LE TRIBUNAL COMPÉTENT :

Le tribunal qui, de tout temps à Rome, connut de la
plainte d'inofficiosité fut le tribunal des centumvirs qui con-
naissaient en général de toutes les questions intéressant les
successions.

Ce tribunal se composait de quatre chambres ou sections,
hastæ, qui chacune jugeait séparément la plainte d'inofficiosité,
et ces quatres chambres pouvaient rendre des jugements contraires. La loi 10 au Digeste prévoit le cas de partage et décide
que le partage doit profiter à la validité du testament, à moins.
dit le texte, qu'il ne soit prouvé que les juges qui ont con-
firmé le testament étaient corrompus par les institués.

De la combinaison de deux textes, la loi 17 au Code et la
loi 29, § 4, au Digeste, dont l'un nous dit que le père, omis
par son fils, peut former sa demande devant le président de
la province, « *cum filium suum, te præterita, sororem heredem*
« *instituisse proponas, inofficiosi querelam apud præsidem*
« *provinciæ persequi potes ;* » et dont l'autre nous dit que la
demande en inofficiosité du testament devait être portée devant
la juridiction où les institués sont domiciliés, « *in ea provincia*
« *de inofficioso testamento agi apostet, in qua scripti heredes*

« *domicilium habent,* » nous devons conclure que dans les
provinces, c'était devant le président du domicile de l'institué
que la demande devait être portée. Mais il est probable que
les parties étaient libres de soumettre la contestation à un juge
de leur choix, *unus judex;* ils se faisaient alors délivrer la
formule par le magistrat, et on doit dire, suivant la loi 29, § 4, D.,
que le magistrat compétent était celui du domicile de l'institué.

IV. — COMMENT S'EXERÇAIT L'ACTION.

La plainte, avons-nous dit déjà, devait être intentée contre
celui qui était investi de l'hérédité ; il s'ensuivait qu'elle ne
pouvait être intentée contre l'institué qu'après l'adition d'hérédité, *quoniam ante aditam hereditatem nec nascitur querela*
(l. 8, § 10, D.).

Il fallait, avons-nous dit aussi, pour avoir droit à la plainte
d'inofficiosité, être héritier. Nous devons ajouter qu'il fallait,
pour l'exercer, être héritier, saisi de la qualité d'héritier tout
au moins, sinon de l'hérédité.

Le *querelans* prétendait établir que le testament lui faisait
tort; pour cela, il fallait qu'il pût montrer que le testament
tombant et l'héritier institué disparaissant, son droit apparais-
sait. Si le *querelans* était héritier sien, il avait la saisine légale,
il pouvait donc agir utilement en cette seule qualité, mais tous
ceux qui n'étaient pas dans la classe des héritiers siens devaient,
avant d'être admis à exercer la plainte, faire reconnaître par
le préteur qu'ils remplissaient la première des conditions
d'admissibilité, à savoir : qu'ils étaient héritiers appelés à la
succession *ab intestat,* et ils demandaient au préteur, comme
signe de leur admissibilité, une investiture fictive de la succession, subordonnée, comme résultat affectif, au succès de
leur action.

Si, en effet, ces héritiers avaient été reçus à exercer leur action sans avoir rempli cette formalité, la chute du testament aurait rendu l'hérédité vacante et il aurait fallu une nouvelle action pour mettre le *querelans* en possession, et encore il aurait pu échouer sur cette dernière action. Il se serait trouvé ainsi avoir fait tomber le testament sans droit. La reconnaissance de sa qualité d'héritier appelé était une question préjudicielle qu'il importait avant tout de vider.

L'investiture ainsi accordée au légitimaire héritier externe, sur sa demande, était une *possessio bonorum*, mais purement nominale, *possessio sine re*, qui laissait la possession réelle dans les mains de l'institué (l. 2, C.) : « *Quamvis de inoffi-* « *cioso testamento acturum te, bonorum possessionem* « *accepisse proponas, tamen scriptis heredibus auferri posses-* « *sionem incivile est.* » Cette possession n'était, en un mot, pour l'héritier externe que l'équivalent de ce qu'était la saisine pour l'héritier *sien.*

Le caractère et les effets de cette possession et en général de la condition faite au *querelans, pendente lite,* nous sont révélés incidemment par la loi 20 au Digeste. Cette loi prévoit l'hypothèse où le *querelans* a été désavoué par le père de famille qui l'a exhérédé, et il se demande si le *querelans* doit obtenir la possession de biens Carbonienne. Cette possession avait été instituée en faveur de ceux qui, venant naturellement à la succession par le droit civil ou le droit prétorien, voyaient leur qualité contestée, et le texte décide que le *querelans* ne devra pas demander cette possession parce qu'elle a des effets incompatibles avec la condition faite au *querelans, pendente lite,* et par suite avec les effets de la possession de biens dont nous avons parlé; le texte oppose les uns aux autres les effets de ces deux possessions. La possession Carbonienne, dit-il, donne à l'héritier dont la qualité est contestée la possession provisoire, elle lui procure des aliments et empêche qu'il ne souffre, par la contestation soulevée, quelque perte dans ses droits.! Celui qui attaque le testament ne doit, au contraire, exercer aucune action dépendant de la succession, il ne peut intenter que la demande de l'hérédité, sans former celle des aliments. Autrement, ajoute le texte, la condition du fils désavoué serait plus favorable que celle du fils dont la qualité est reconnue.

La plainte d'inofficiosité, c'est-à-dire la faculté de prouver que le testament, où l'on était omis ou exhérédé, était injuste et fait *contra officium pietatis*, pouvait être exercée tant en défendant qu'en demandant, par voie d'exception comme par voie d'action. Si, en effet, le légitimaire est en possession de l'hérédité, il n'aura rien à demander, mais il exercera la plainte d'inofficiosité et fera sa preuve par voie d'exception, de la même manière qu'il l'eût faite en demandant contre l'héritier institué qui voudrait se prévaloir de son institution (l. 8, § 13, D.) : « *Si filius exheredatus in possessione sit here-* « *ditatis : scriptus quidem heres petet hereditatem, filius vero* « *in modum contradictionis querelam inducat : quemadmo-* « *dum ageret, si non possideret, sed peteret.* »

Nous verrons tout à l'heure, en étudiant les succès de la *querela*, que le légitimaire et l'institué n'étaient pas, jusqu'au droit des Novelles du moins, les seuls intéressés dans le débat soulevé par la plainte d'inofficiosité et que toutes les dispositions contenues dans le testament tombaient avec lui. Aussi la loi 29 au Digeste, s'inquiétant du cas où les légataires peuvent avoir des raisons de soupçonner qu'il y a collusion entre les institués et le *querelans*, consacre formellement pour eux le droit d'intervenir dans l'instance et de défendre les dispositions du défunt. Le texte ajoute même qu'il lui est permis d'appeler du jugement : « *Si suspecta collusio sit legatoriis*

« *inter scriptos heredes, et eum, qui de inofficioso testamento*
« *agit, adesse etiam legatarios, et voluntatem defuncti tueri,*
« *constitutum est : eisdemque permissum est etiam appellare,*
« *si contra testamentum pronunciatum fuerit.* »

V. — Le jugement rendu sur la querela était susceptible d'appel.

Du dernier texte cité il résulte indubitablement que le jugement rendu sur la *querela* était susceptible d'appel. Le légitimaire ou l'institué et les légataires, suivant l'issue du procès, pouvaient interjeter appel.

L'appel des jugements du tribunal des centumvirs devait être porté devant l'empereur. Si l'on admet que les parties pouvaient soumettre leur contestation à un juge [de leur choix, l'appel du jugement rendu par ce juge devait être porté devant le magistrat qui avait délivré la formule.

L'appel avait un effet suspensif dont Paul (*Sent.*, lib. V, tit. xxxvi) nous donne la formule en ces termes : « *Quoties* « *possessor appellat, fructus medii temporis deponi convenit.* « *Quod si petitor provocet, fructus in causa depositi esse non* « *possunt, nec recte eorum nomine satisdatio postulatur.* » Dans le cas où le jugement avait cassé le testament, si l'institué faisait appel, il devait ou bien déposer les intérêts et fruits ou bien donner caution. Si, au contraire, la plainte était rejetée, l'appel du *querelans* ne changeait rien au droit de l'institué qui ne pouvait même pas être forcé à donner caution : notre proposition devait être renversée pour le cas où l'héritier légitime était en possession et opposait la *querela* par voie d'exception contre la demande de l'institué.

Au caractère suspensif de l'appel et à l'obligation pour l'institué de déposer les fruits ou de donner caution se rattache la faculté pour le *querelans* qui avait gagné en première instance de demander en appel et d'obtenir des aliments jusqu'à l'issue définitive du procès.

IV

Comment on perdait le droit d'intenter la QUERELA :

Toùtes les causes d'extinction du droit d'intenter la *querela* peuvent se ramener à une cause unique, l'abandon du droit qui se manifestait de deux façons différentes.

L'extinction de l'action était, en effet, la conséquence ou d'une renonciation expresse, ou d'une renonciation tacite, ou de la mort du légitimaire.

1. — RENONCIATION EXPRESSE. — *Elle pouvait résulter de trois natures d'actes bien différents : 1° d'une approbation formelle ; 2° d'un désistement ; 3° d'une transaction.*

1° L'approbation formelle, donnée par le légitimaire au testament, éteignait l'action avant qu'elle fût exercée. L'approbation donnée sur le testament avant le décès du testateur pouvait être attaquée, parce qu'elle pouvait n'avoir pas été absolument libre. Mais la loi 31, §4, D., nousdit que l'approbation sur le testament après la mort du père ôte au fils le droit de se plaindre : « *Quid ergo, si alias voluntatem tes-* « *tatoris putaverim ? Puta in testamento adscripserim post* « *mortem patris consentire me ? Repellendus sum ab accusa-* « *tione.* » Le texte parle du testament du père, mais à titre d'exemple, et il en était ainsi certainement de l'approbation sur le testament de toute personne dont on était l'héritier légitimaire.

Il est certain toutefois que l'approbation donnée sur le testament du vivant du testateur était plus suspecte quand il s'agissait du testament du père, à raison de la puissance de ce dernier sur ses enfants, que quand il s'agissait du testament d'un fils ou d'un frère.

Cette renonciation était définitive, si elle avait été donnée par une personne capable (loi 8, § 1, C.): « *Qui autem agnovit* « *judicium defuncti, si is major viginti quinque annis est,* « *accusare ut inofficiosam voluntatem patris, quam probavit,* » *non potest.* » Mais elle était certainement soumise aux règles ordinaires sur la validité du consentement et l'approbation qui eût été extorquée par violence, donnée par erreur ou surprise par dol, aurait pu être attaquée par le légitimaire. Cela résulte d'ailleurs, en ce qui touche le dol, par analogie de la loi 16 D. qui a été analysée.

Justinien (loi 35, § 2) décide que l'action en complément, dans le cas où elle a remplacé la *querela inofficiosi testamenti,* est également éteinte par l'approbation expresse.

2° Le désistement. — C'est la renonciation à l'action déjà introduite. Lorsqu'il était consenti valablement, il éteignait l'action et était irrévocable : « *Si quis post rem inofficiosi* « *ordinatam litem dereliquerit, postea non audietur.* » (L. 8, § 1, D.)

Mais la loi 21 au Digeste nous enseigne que le désistement qui aurait été surpris par dol, lorsque par exemple l'héritier institué a fait croire au légitimaire qu'il était chargé de lui remettre par fidéicommis le tiers de la succession, ne lierait pas le légitimaire et ne devrait pas l'empêcher de reprendre la *querela* dès qu'il aurait reconnu son erreur : « *Eum qui inof-* « *ficiosi testamenti querelam instituit, et fraude heredis* « *scripti, quasi tertiam partem hereditatis tacite rogatus esset* « *ei restituere, reliquit eam actionem, non videri deseriusse*

5

« *querelam : et ideo non prohiberi eum repetere incohatam.* »

3° La transaction qui intervenait au cours du procès, qu'elle favorisât l'un ou l'autre du légitimaire ou de l'institué, devenait la loi des parties et éteignait la *querela*, mais elle ne l'éteignait pas définitivement ; que la transaction s'en expliquât ou non, la renonciation qu'elle pouvait contenir de la part du légitimaire était toujours subordonnée à la condition que la transaction s'exécuterait : « *Si, instituta de inofficioso* « *testamento accusatione, de lite pacto transactum est, nec fides* « *ab herede transactioni præstatur, inofficiosi causam integram* « *esse placuit.* » (L. 27, pr. D.)

§

Quel pouvait être l'effet de ces trois modes d'extinction de la *querela* vis-à-vis des légataires, d'une part, et des créanciers du légitimaire, d'autre part ?

L'approbation expresse et le désistement maintenaient le testament et n'avaient pas d'effet vis-à-vis des légataires, mais vis-à-vis des créanciers du légitimaire ; ces deux modes d'extinction produisaient des effets très-différents.

L'approbation formelle, donnée avant l'exercice de l'action, ne pouvait être attaquée par les créanciers du légitimaire ; celui-ci en effet ne devait enrichir son patrimoine des biens de la succession qu'à condition d'intenter la *querela :* il n'en avait rien jusque-là et par son abstention il ne diminuait pas son patrimoine, il manquait seulement une occasion de l'augmenter ; cela ne suffisait pas à donner à ses créanciers l'action révocatoire paulienne. Mais, au contraire, lorsqu'il avait intenté l'action, cette action intentée faisait partie de son patrimoine et, comme elle portait en elle l'espérance d'une succession, il ne pouvait plus y renoncer sans devoir compte à ses créanciers et subir leur contrôle.

Quant à la transaction, elle pouvait compromettre et les droits des légataires et les droits des créanciers du légitimaire, et tous deux pouvaient la critiquer.

Nous avons déjà vu, pour ce qui est des légataires, qu'ils avaient le droit d'intervenir au procès et de faire appel du jugement qui aurait cassé le testament. Pour que la transaction fût valable à leur égard et leur fût opposable, il fallait qu'ils y fussent appelés et qu'ils l'approuvassent ; sinon le testament était toujours valable à leur égard et ils pouvaient contraindre l'institué à leur délivrer leurs legs (L. 29, § 2) : « *Quamvis instituta inofficiosi testamenti accusatione, res* « *transactione decisa sit, tamen testamentum in suo manet :* « *et ideo datæ in eo libertates, atque legata, usque quo Falci-* « *dia permittit, suam habent potestatem.* »

II. — Renonciation tacite. — *La renonciation tacite pouvait résulter : 1° de l'expiration du délai; 2° de certains faits impliquant approbation des dernières volontés du testateur.*

1° Expiration du délai. — C'est en effet à la présomption d'une renonciation qu'il faut toujours rattacher la prescription extinctive d'un droit.

La *querela* se prescrivait par cinq ans. Nous avons vu que pour des causes très-graves l'action pouvait être exercée après ce délai, sous certaines restrictions toutefois. Nous n'avons rien de plus à dire sur cette exception. Occupons-nous de la règle générale.

Le point de départ du délai, nous le connaissons. Il nous reste seulement à voir si dans le droit commun la prescription était toujours encourue par celui qui n'intestait pas la *querela* dans le délai de cinq ans.

La prescription courait-elle contre les mineurs de vingt-cinq ans? c'est une question discutée; il semblerait résulter que non, par argument *a contrario* de la loi 16 C. que nous allons d'ailleurs examiner en détail. Cette loi contient un exemple de suspension de prescription à l'égard des majeurs ; mais elle demande une explication.

« La prescription ne court pas contre les majeurs de vingt-
« cinq ans qui ont deux actions à intenter contre le testament
« qui leur nuit et qui exercent l'une de ces actions tant que
« l'autre n'est pas vidée. Par l'une de ces actions, ils peuvent
« demander la nullité du testament comme n'étant pas fait
« selon les lois; par l'autre, ils peuvent l'attaquer comme
« inoffencieux quoique parfait en la forme. »

Il ressort de ce texte que le légitimaire qui a échoué dans l'action en nullité du testament a encore le droit d'exercer la *querela* et que la prescription de cinq ans n'a pas couru contre lui pendant tout le temps qu'a duré la première instance. Rien de plus équitable que cette décision.

Mais de ce texte, de la loi 8, § 12, au Digeste : « *Si quis et*
« *irritum dicat testamentum, vel ruptum et inofficiosum, con-*
« *ditio ei deferri debet, utrum* « *prius movere volet,* » et de
« la loi 14 au Code : « *Eum qui inofficiosi querelam delatam*
« *non tenuit,'a falsi accusatione non submoveri placuit. Idem*
« *observatur, et sic contrario falsi crimine iustituto victus,*
« *postea de inofficioso actionem exercere maluerit,* » il semble
résulter que le légitimaire pouvait avoir le choix entre les trois actions suivantes : 1° prétendre que le testament était nul en la forme; 2° qu'il avait été rompu, ou 3° qu'il était inofficieux.

Or, nous avons établi plus haut que le légitimaire qui avait un autre moyen d'arriver à la succession n'était pas recevable à attaquer le testament par la *querela*. On ne devrait donc pas parler dans la loi 8 § 12 d'un choix entre ces trois actions.

Si l'on avait seulement décidé qu'ayant échoué sur l'action en nullité, le légitimaire était encore reçu à intenter l'action d'inofficiosité, on serait resté dans l'application du § 2 des *Institutes*. Mais le légitimaire est autorisé par les textes que nous venons de citer, à commencer par la *querela;* c'est ce choix donné au légitimaire qui renverse toutes les notions acquises. Toutefois, il n'est pas permis de voir dans la disposition de la loi 8 § 12, une dérogation à la règle si formelle du § 2 des *Institutes*, et il faut essayer de concilier ces deux dispositions. On peut dire pour y parvenir que la règle du § 2 des *Institutes* ne s'applique à raison de la nullité du testament que lorsque cette nullité tient au mépris qui y est fait des droits du légitimaire, et c'est parce que sa vocation héréditaire peut produire effet en faisant tomber le testament que la voie de la *querela* lui est refusée, l'action injurieuse ne devant être exercée qu'à la dernière extrémité. Nous dirons, au contraire, que lorsque la nullité tient à un vice du testament, vice intrinsèque ou étranger tout au moins au mépris des droits du légitimaire, l'action en nullité n'excluait pas l'action d'inofficiosité et le choix entre ces deux actions appartenait au légitimaire. (L 8 § 12 D.)

2° La loi, dans les nombreux textes que nous allons examiner, fait résulter la renonciation tacite à la *querela* de certains faits considérés comme approbation de la volonté du défunt. Nous allons reconnaître que tous ces faits comportent de sa part une certaine exécution de cette volonté ou un profit personnel réalisé par lui ou une opération faite par lui avec la succession du testateur, le tout en connaissance de cause; tandis que nous constaterons que toutes les fois qu'un profit aura été retiré par le légitimaire de la succession en litige par l'effet même de la loi, sans initiative aucune de sa part, il n'est pas déchu du droit d'intenter la plainte, et que si par hasard son fait et un acte d'exécution de la volonté du défunt ne lui font pas perdre le droit de se plaindre, c'est ou bien qu'il n'a pas su, en agissant ainsi, qu'il exécutait cette volonté, ou bien que le fait dont il s'agit, à raison de sa nature, n'emporte pas avec lui la moindre idée d'une ratification de cette volonté.

Ainsi le légitimaire qui avait exécuté en un point la volonté du défunt et retiré ou cherché à retirer un profit quelconque de ses dispositions testamentaires, était censé avoir approuvé son testament et avoir perdu le droit d'intenter la *querela*. (L. 10 § 1 D.) Le légitimaire qui avait reçu le legs à lui fait, ne pouvait intenter la *querela*. Et il importait peu que le legs eût été fait au légitimaire lui-même ou à son fils ou à son esclave, du moment qu'il en était le bénéficiaire. (Loi 12 D.)

« *Nihil interest sibi relictum legatum filius exheredatus* « *adgnoverit : an filio, servove relictum consecutus sit : utrobi-* « *que enim præscriptione submovebitur.* »

Le texte prévoit la fraude que voici :

Au cas où le legs avait été fait à son esclave, le légitimaire, pour nuire aux légataires nommés dans le testament, pouvait affranchir l'esclave avant de lui donner l'ordre d'accepter et intenter ensuite la *querela* sous prétexte qu'il avait été omis. Dans ce cas, dit le texte, il ne sera pas recevable à intenter l'action. Mais ce n'est pas sur une renonciation tacite à la *querela* de la part du légitimaire que cette solution s'appuie, c'est une déchéance que le texte prononce contre le légitimaire qui, pouvant recueillir par son esclave, a préféré plaider et cela uniquement pour faire fraude aux légataires que la rupture du testament aurait dépouillés.

(Loi 12 § 1 D.) Un esclave a été affranchi par testament à

condition de payer pour prix de son affranchissement une certaine somme au légitimaire; celui-ci réclame cette somme à l'affranchi. Il est censé, dit la loi, avoir approuvé la disposition du défunt.

Mais encore fallait-il que le profit retiré par lui fût effectif et sincère, et s'il n'avait reçu le legs que pour en remettre la totalité à un autre, il ne perdait pas le droit d'attaquer le testatament. (Loi 10 § 1 D. *in fine*.) Dans ce cas en effet s'il avait exécuté la volonté du défunt, le légitimaire n'ayant retiré aucun profit de cette exécution, ne pouvait être réputé avoir renoncé à prouver l'injustice du testament à son égard.

De même, un légitimaire trompé par le testament a demandé la délivrance d'un legs, qu'une disposition postérieure du testament lui retirait ; sa demande était une approbation, mais seulement conditionnelle, à la réalisation du legs, et la loi 12 § 2 au Digeste déclare qu'il écarte de son legs le fils qui a perdu ses droits à la *querela*.

Enfin, ce profit devait encore avoir été cherché par lui, et s'il l'avait réalisé par le seul effet de la loi ou si le profit se confondait dans une masse de biens recueillis, son droit à la *querela* restait intact.

En ce sens, la loi 12 § 3 au Digeste suppose que le fils du testateur était débiteur de la succession solidairement avec Titius, le testateur a libéré Titius de sa dette, le fils se trouve libéré par là même, il pourra néanmoins former la demande en inofficiosité du testament.

De même (loi 31 § 2), si le légitimaire succédait à titre d'héritier à l'institué, rien ne pouvait l'empêcher d'attaquer le testament comme inofficieux, surtout, dit le texte, s'il ne possédait pas la portion due à l'institué, ou s'il ne la possédait que comme étant aux droits de l'héritier institué.

Et ce qui montre bien la nature de cette exception à l'effet extinctif d'un profit réalisé par le légitimaire sur les biens de celui dont il pouvait attaquer le testament, c'est que si le légitimaire, quoique venant aux droits d'autrui, n'avait reçu que des objets spéciaux de la succession en litige ou avait dû, pour les obtenir, exercer une action personnelle et spéciale, il était déchu du droit d'intenter la *querela*.

La loi 31 § 3 Digeste dit en effet que si l'institué avait seulement légué au légitimaire un objet compris dans son institution, celui-ci en recevant l'objet, serait déchu de son droit d'attaquer le testament, et la loi 32 § 1 au Digeste donne la même solution pour le cas où le légitimaire était devenu l'héritier du légataire. Sa demande était nécessairement spéciale, et en agissant contre l'institué pour obtenir ce legs, il était sans aucun doute éclairé sur la provenance des biens qu'il réclamait, et l'on comprend que la loi induisît de son action une reconnaissance.

Le légitimaire qui a fait une spéculation pécuniaire quelconque avec les représentants du testateur est censé avoir renoncé à attaquer ses dispositions. (Loi 23, § 1, Dig.).

« Lorsque des enfants déshérités ont acheté de l'institué, « connaissant sa qualité, tout ou partie de sa succession ou « seulement des effets de cette succession, s'ils leur ont pris « à bail des terres ou ont contracté avec eux de quelque « autre manière, s'ils ont payé ce qu'ils devaient au testateur, « ils seront réputés avoir approuvé la disposition du défunt à « leur égard et ils ont perdu leur droit à la *querela*. »

En somme, pour en revenir à notre formule, il suffit d'un fait touchant à l'exécution du testament émané du légitimaire et impliquant de sa part connaissance du testament, pour que la *querela* ne soit plus recevable. L'expression la plus complète de cette idée est dans la disposition de la loi 32, au

Digeste, qui refuse l'action au légitimaire qui a plaidé comme avocat pour un des légataires demandant la délivrance de son legs, ou qui a reçu du légataire pouvoir de former la demande.|

Nous trouvons également, mais d'une façon moins claire, l'application de cette idée dans la loi 8, § 10, au Digeste.

Voici l'hypothèse et les deux solutions opposées que contient ce texte : 1° Le testateur a chargé l'institué de remettre quelque chose au légitimaire : si le légitimaire reçoit la chose, il est déchu du droit d'intenter la *querela*. — 2° Le testateur a chargé un légataire de remettre de même quelque chose au légitimaire; le légitimaire a accepté l'offre du légataire, est-il déchu du droit de se plaindre? Il y a doute, et la question sera jugée en fait. — Le légitimaire sera déchu si c'est en connaissance de cause, qu'avant d'intenter la *querela*, il a accepté l'offre du légataire. Et le texte ajoute que si, dans le premier cas, il n'hésite pas à dire que la *querela* est perdue, c'est que la remise faite au légitimaire suppose l'adition d'hérédité et que le droit à la *querela* naît avec l'adition de l'hérédité, laquelle, en conséquence, a dû être connue du légitimaire; de sorte qu'en acceptant l'offre de l'institué, il savait que la volonté du défunt s'exécutait à son profit, et que la plainte d'inofficiosité lui était ouverte.

La renonciation tacite n'éteignait d'une façon certaine la *querela* que si les faits qui la faisaient présumer émanaient d'une personne capable. (Loi 8 § 1 C.) De même, ces actes devaient n'être pas la conséquence d'une erreur, d'un dol ou d'une contrainte.

III. — Mort du légitimaire.

Enfin la *querela* se perdait par la mort du légitimaire, s'il

. n'avait pas introduit l'action de son vivant, car dans ce cas
elle était transmissible à ses héritiers.

Tant que le délai n'était pas expiré, le légitimaire avait le
droit de se plaindre, contre les institués, d'une injustice commise à son égard, mais c'était pour lui un droit tout personnel, dont il était seul juge, et qui ne pouvait compter dans
son patrimoine ; si bien que nous avons vu qu'il pouvait
renoncer à l'exercer sans que ses créanciers pussent l'exercer en son nom ou attaquer sa renonciation. Tout son
droit mourait avec lui et ses héritiers n'en trouvaient rien
dans sa succession. Dès, au contraire, qu'il s'était déclaré
lésé et qu'il avait introduit l'action qui devait le remplir
de ses droits, de même que nous avons dû reconnaître qu'il
n'aurait pu s'en désister au préjudice de ses créanciers, nous
devons déclarer qu'il transmettait cette action avec son patrimoine à ses héritiers.

Voyons à quelles conditions :

V

A quelles conditions l'action était transmissible aux héritiers.

A l'origine, cette transmissibilité dut être l'effet de la novation opérée par la *litis contestatio*.

Mais dans la suite, il suffisait, comme nous allons le voir,
que le légitimaire eût clairement manifesté la volonté d'agir
et y eût persévéré jusqu'à sa mort.

Il fallait distinguer le cas où le légitimaire était héritier
sien, saisi de sa qualité d'héritier, et pouvait directement introduire sa demande, et le cas où, au contraire, le légitimaire

devait, avant d'introduire sa demande, faire reconnaître sa qualité et obtenir du préteur la possession de biens. Dans le premier cas, il suffisait que le légitimaire eût demandé la possession de biens, *litis ordinandæ gratia ;* dans le second cas; il fallait qu'il eût commencé l'action, « *jam tamen cœpta controversia,* » et l'eût mise en état, « *vel præparata,* » ou soit mort au moment où il se présentait pour l'intenter, « *vel si, cum venit ad movendam inofficiosi querelam decessit.* » (Loi 6 § 2 D.)

Il semblerait, d'après ce texte, que nous ayons à nous préoccuper de déterminer quand la cause était en état, mais la loi 7 au Digeste, qui annonce qu'elle va dire ce qu'on devait entendre par la mise en état nécessaire pour rendre l'action transmissible, nous dit que le fils qui avait seulement menacé d'intenter l'action, « *si comminatus tantum accusationem fuerit,* » ou qui avait seulement fait sommation ou signifié un premier exploit, « *vel usque ad denunciationem, vel libelli dationem processerit,* » transmettait son droit à ses héritiers. Antonin, dit le texte, l'avait décidé ainsi par un rescrit.

On se montrait donc très-large, et, comme nous l'avons dit, il suffisait, en somme, que la volonté d'agir eût été clairement manifestée par le légitimaire.

Il fallait que légitimaire eût persévéré dans cette volonté jusqu'à sa mort (L. 15 § 1 D.), « *non enim sufficit litem instituere, si non in ea perseveret.* »

Justinien innova en décidant que le légitimaire transmettrait à ses héritiers le droit d'introduire l'action, s'il était mort dans le délai donné à l'institué pour délibérer ; mais il n'accorde cette faveur qu'aux descendants. Ainsi, dans la loi 34 au Code il se préoccupe de la situation du fils du légitimaire, qui est mort dans les délais d'adition, sans avoir eu, par conséquent, à se prononcer; et, au nom de son affection paternelle pour ses sujets, leurs enfants et petits-enfants, il accorde au fils du légitimaire le même droit qu'à ce dernier.

Cette décision aurait pu ne pas être une décision de faveur et être étendue à tous les légitimaires. En effet, jusqu'à l'adition, le légitimaire n'avait pu intenter la plainte; si donc il n'y avait pas formellement renoncé, on ne pouvait savoir dans quelle intention il était mort et on n'était pas autorisé à présumer de sa part une renonciation.

Mais, d'ailleurs, ce n'est pas ici une raison de droit qui décide Justinien, mais son affection paternelle pour les enfants et les petits-enfants de ses sujets, et il répète cette décision. (L. 36 § 2 au Code.)

VI

Des effets de l'exercice de la QUERELA.

Nous considérerons ces effets au point de vue du *querelans*, des institués et des ayants-droit à titre particulier du défunt.

Ces effets variaient pour le *querelans* suivant l'issue du procès, tandis que l'exercice de la *querela* ne produisait aucun effet vis-à-vis des institués et des légataires ou autres ayants-droit à titre particulier du défunt, si la *querela* était repoussée. Enfin, vis-à-vis des trois groupes de personnes que la nullité du testament pouvait toucher, les effets de cette nullité prononcée variaient suivant :

Que l'action avait été intentée dans les délais ou pour une cause grave après l'expiration des délais;

Qu'elle avait été suivie par quelqu'un qui y avait droit, ou par quelqu'un qui y était sans droit;

Que le jugement était contradictoire ou par défaut ;

Que le plaignant était le seul légitimaire appelé, ou que de plusieurs légitimaires en concours, il avait seul exercé l'action ;

Que le jugement était rendu contre tous les institués ou l'institué unique, ou contre l'un de plusieurs institués.

I. — DES EFFETS DU JUGEMENT QUI REJETAIT LA QUERELA.

Ce jugement n'avait d'effet que contre le *querelans*. La loi prononce contre le *querelans* qui a succombé une déchéance générale de toutes les libéralités à lui faites dans le testament ; la loi 8 § 14 D. le déclare indigne, à la condition toutefois qu'il ait exercé l'action pour son compte et en son propre nom et que ce soit à lui que la libéralité inscrite sous son nom dans le testament ait effectivement profité.

C'est ainsi que ce texte décide que le légitimaire, débouté de sa demande, et qui n'avait reçu des biens qu'à la charge de les remettre à autrui, ne pouvait perdre que ce que le bénéfice de la Falcidie lui aurait assuré ; et que la loi 30 § 1, D. décide que les tuteurs, au nom de leurs pupilles, peuvent attaquer un testament sans craindre de perdre les libéralités faites à leur profit dans ce testament.

La loi 22 § 1 D. donne une solution semblable pour le père qui a exercé l'action au nom de ses enfants ; de même l'adrogeant qui continuait le procès de l'adrogé contre le testament de son père, ne perdait pas son legs. (L. 22 § 3 D.)

Celui qui succédait au *querelans* et continuait l'action qu'il trouvait dans sa succession ne perdait pas son legs, parce qu'il n'encourait aucune indignité.

Nous savons que pour l'impubère adrogé, il n'y avait pas lieu d'intenter la *querela* contre le testament de l'adrogeant ; s'il l'avait fait, il aurait succombé. La loi 8 § 16 *in fine* D.

décide qu'il ne perdra pas néanmoins sa quarte parce que c'est une dette de son père envers lui plutôt qu'une libéralité.

Mais ce n'est que la perte du procès qui peut produire cette déchéance; la loi 8 § 14 D. nous dit, en effet, qu'il faut que le *querelans* ait poursuivi jusqu'à la fin son action injuste et que, s'il est mort avant sa condamnation, ses droits ne sont pas perdus; il en est de même si après avoir intenté l'action, il fait défaut et si le jugement est rendu sur la poursuite de l'institué.

Nous avons dit que l'échec du *querelans* n'avait aucun effet vis-à-vis de l'institué et des légataires; les biens ainsi retirés au *querelans* ne leur profitaient même pas et n'augmentaient pas la masse héréditaire; ils étaient acquis au fisc comme biens retirés à un indigne; l. 8 § 14 D. « ..... *Id quod* « *in testamento accepit, perdere, et id fisco vindicari, quasi* « *indigno ablatum.* »

II. — DES EFFETS DU JUGEMENT QUI DONNE GAIN DE CAUSE AU QUERELANS

Le jugement qui déclarait le testament inofficieux devait, pour produire ses effets, être passé en force de chose jugée.

Premièrement. — Nous supposons d'abord :

1° Que l'action n'a pas été intentée dans les délais;

2° Que l'action a été suivie par quelqu'un qui y avait droit ;

3° Que le jugement est contradictoire;

4° Que le plaignant était le seul légitimaire appelé;

5° Que le jugement a été rendu contre tous les institués ou l'institué unique.

La loi 8 § 16 D. s'exprime ainsi : « Lorsque le jugement
« a été rendu contre le testament et qu'il n'a point été appelé,
« le testament est cassé de plein droit, et celui en faveur de
« qui il a été ainsi jugé est héritier sien ou *bonorum pos-*
« *sessor*; les libertés accordées sont nulles de plein droit,
« les legs ne sont pas dus; s'ils ont été payés, ils doivent
« être répétés ou par celui qui a payé ou par celui qui a
« gagné et il a une action utile pour le faire. Pourtant si les
« legs ont été payés avant la contestation, c'est ordinaire-
« ment le gagnant qui les répète. »

Le premier atteint par le jugement était l'institué ; était-il
toujours complétement dépouillé? La loi 22 au Code nous
dit que la femme, instituée par son mari, et contre laquelle
une plainte d'inofficiosité est dirigée avec succès, peut se
faire accorder tout ce que son mari lui devait à son décès.

L'effet du succès de la *querela* sur les legs et fidéicommis
se produisait quand même le testateur avait dit dans son testament que son intention était que toutes ces dispositions
fussent remplies et acquittées par quiconque se trouverait
être son héritier, qu'il vînt à la succession par le droit civil
ou par le droit prétorien ou même *ab intestat.* (L. 13 D.)
Le texte est formel.

Les libertés étaient-elles toujours nulles ? La loi 4 au C.
dit que l'on ne peut mettre en doute la liberté de l'esclave
affranchi en vertu d'un fidéicommis, bien que le testament
ait été déclaré inofficieux. Et la loi 9 au Digeste nous dit
comment l'intérêt du légitimaire était alors sauvegardé, il
devait recevoir vingt pièces d'or par esclave. Ces vingt pièces
d'or devaient être payées par l'esclave lui-même ; nous sommes du moins autorisés à le penser par la loi 26 au Digeste
qui décide que, si le testateur avait fait à l'institué de l'affranchissement de son propre esclave une condition de son

institution et que l'affranchissement eût lieu avant le jugement qui a cassé le testament, l'esclave resterait libre, mais
l'institué demanderait au préteur l'action nécessaire pour se
faire indemniser par l'esclave.

Aux termes de la loi 13 au Code, il en était de même des
affranchissements directs : « *Quamvis libertates, et directæ*
« *competant, et fideicommissariæ præstari debeant.* »

§

La nullité des legs était l'effet le plus exorbitant du
succès de la *querela* ; Justinien supprima cet effet dans la
Novelle 115 et décida que désormais l'institution seule serait
annulée et que toutes les dispositions testamentaires seraient
maintenues.

Deuxièmement. — Supposons maintenant que chacune des
conditions ci-dessus énumérées fait défaut :

1° Si l'action a été intentée après l'expiration du délai pour
des causes graves, nous avons déjà vu que les affranchissements étaient dus, bien que le testament fût cassé, et que le
gagnant avait droit à vingt pièces d'or par esclave.

2° Le jugement a été obtenu par quelqu'un qui n'y
avait pas droit. Nous avons jusqu'ici supposé qu'il n'y avait
qu'un institué : le testament était nul, puisqu'il en avait été
ainsi jugé, mais le *querelans*, étant sans droit, avait travaillé
pour les légitimaires appelés qui prenaient les biens dont
l'institué était ainsi dépouillé (L. 6 § 1 D.) : « *Si quis ex*
« *his personis quæ ad successionem ab intestato non admit-*
« *tuntur, de inofficioso egerit, et casu obtinuerit, non ei prosit*

« *victoria, sed his qui habent ab intestato successionem : nam*
« *intestatum patremfamilias facit.* »

Nous verrons qu'il en était tout autrement quand le *quere-*
lans qui agissait sans droit n'avait réussi que contre l'un de
plusieurs institués.

3° Le jugement a été rendu par défaut. La sentence du
juge, dit la loi 17 § 1, D. n'a pas alors l'autorité de la chose
jugée ; aussi les fidéicommis sont dus et les legs exigibles :
« *Non enim probandum est, si herede non respondente, secun-*
« *dum præsentem judicatum sit : hoc enim casu non creditur*
« *jus ex sententia judicis fieri : et ideo libertates competunt,*
« *et legata petuntur.* » La raison de cette décision était sans
doute la collusion qui était à craindre en ce cas, au préjudice
des légataires, entre le *querelans* et l'institué qui ne défendait
pas à l'action.

4° Le jugement n'a été rendu qu'au profit d'un des légitimaires appelés.

Lorsque nous avons établi l'assiette de la quarte légitime
et du droit d'intenter la *querela*, nous avons vu que lorsque
plusieurs légitimaires concouraient, chacun était, quant au
droit d'intenter la *querela*, réduit à sa portion héréditaire *ab*
intestat, et que le quart de cette portion, à lui assuré par le
testament, lui ôtait la faculté de se plaindre. (L. 8 § 8 D)
Nous nous demandons maintenant quel peut être le profit
réalisé par le légitimaire qui, seul de plusieurs concurrents,
a intenté l'action ou seul a réussi.

Nous pourrions nous étonner au premier abord de la réponse
donnée par la loi 17 D. Il résulte de cette loi que le légitimaire, qui a seul gagné, profite seul de son succès ; que le
testament est cassé pour le tout, mais au profit exclusif du

6

légitimaire qui, seul, a intenté et suivi l'action. Il semble que les deux solutions ne sont pas d'accord.

Pourtant, toutes deux s'expliquent par une raison commune et par des raisons particulières. Quand les jurisconsultes romains se servirent de la *querela* pour assurer à certains héritiers privilégiés une réserve, le rapport s'établit forcément entre l'importance de cette réserve qui diminuait avec le nombre des concurrents et le droit d'intenter l'action qui devait assurer cette réserve à l'héritier.

Mais remarquons-le bien, les jurisconsultes n'ont pas fait de la *querela* seulement un moyen d'obtenir la légitime; alors, en effet, il eût suffi que son efficacité fût proportionnée au droit héréditaire du légitimaire. Non, ils ont fait par-dessus tout de la *querela* une contrainte, un épouvantail qui, par l'exagération même de ses effets, devait amener le testateur à disposer de ses biens selon le vœu de la loi.

Ils n'ont pas craint, pour obtenir du testateur qu'il assurât à son héritier une portion minime de sa succession, de le menacer de voir son testament entier annulé et toute son hérédité passer à celui qu'il avait voulu dépouiller.

Cet effet exorbitant s'explique en outre par une raison particulière donnée par Paul dans la loi 17 *in fine* D. : « *Quasi cen-* « *tumviri hunc solum filium in rebus humanis esse nunc, cum* « *facerent intestatum, crediderint.* »

Le texte prévoit le cas où le fils qui n'a pas exercé la *querela* voudrait profiter du succès de son frère, et il donne à celui-ci le moyen de repousser cette prétention : « Les cen- « tumvirs ont jugé comme s'il n'y avait eu au monde qu'un « seul fils du testateur. » La chose a été jugée vis-à-vis d'un seul, elle ne doit profiter qu'à lui ou à ses ayants-cause.

Toutefois, il résulte des expressions de la loi 17 D. « *Qui repudiante animo non venit ad accusationem,* » qu'il fallait que ce fût dans l'intention d'y renoncer que le légitimaire s'abstînt de la *querela*, pour qu'il fût exclu de la succession *ab intestat* de celui dont le testament avait été cassé à la requête d'un de ses cohéritiers.

Mais, alors, que fallait-il décider, lorsque les deux légitimaires ont agi, mais qu'un seul a réussi, ou lorsqu'un seul des deux a agi, sans que l'autre ait renoncé ? Par la loi 29 *de except. rei jud.*, nous sommes autorisés à conclure que dans ce cas, l'effet du jugement était limité aux droits *ab intestat* de celui qui avait seul gagné ; il en résultait entre lui et l'institué une indivision semblable à celle que nous allons rencontrer dans l'hypothèse suivante :

5° Le jugement n'a été rendu que contre l'un de plusieurs institués. Supposons deux institués, le légitimaire pouvait avoir intenté son action contre les deux institués, mais avoir gagné seulement à l'égard de l'un. D'abord (L. 15 § 2 D.) deux jugements différents pouvaient avoir été rendus par des juges différents : si les institués habitaient chacun une province différente, le légitimaire devait porter son action devant le président de la province du domicile de chacun.

En outre, la loi 24 au Digeste, nous cite le cas où la demande a été formée par le frère du testateur et où les institués sont de condition différente, l'un est *persona turpis*, l'autre est *persona honesta*, la demande ne pouvait réussir que contre le premier institué.

Enfin, rappelons le cas où l'un de plusieurs légitimaires qui n'avaient pas renoncé avait seul gagné.

Dans tous ces cas, le défunt était partie testat et partie intestat, et il existait entre le gagnant et l'institué une indivision. (L. 15, § 2). soumise à toutes les règles de l'indivision Quant aux legs, le testament étant rompu pour partie, ils étaient réduits pour la même partie. (L. 76 pr. *de leg.*) Quant aux affranchissements, étant choses indivisibles, ils étaient maintenus, mais l'esclave affranchi devait au *querelans* une indemnité équivalente à son droit héréditaire. (L. 29 *de excep. rei jud.*)

Si nous supposons maintenant que l'action a été dirigée contre un seul des institués par quelqu'un qui n'y avait pas droit et que le testament soit ainsi cassé pour partie, la loi 25 § 1 nous enseigne que dans ce cas c'est au gagnant sans droit que la disposition profite, parce que le testament valant pour une partie, les légitimaires préférables au gagnant sont exclus.

VII

Nature de la querela.

Nous pouvons maintenant définir la nature de la *querela inofficiosi testamenti.* Elle tenait : 1° de la pétition d'hérédité, et c'était une action réelle ; 2° de l'action d'injure ; l'injure en était la cause, l'hérédité en était la fin.

1° C'était dans sa fin une action réelle et tenant de la pétition d'hérédité.

En effet, elle devait être dirigée contre qui détenait les biens, et elle tendait à faire tomber le testament pour faire venir à l'hérédité celui que le testament aurait écarté ou omis.

Il fallait être héritier pour l'intenter utilement, il fallait même être investi de cette qualité ou l'avoir fait reconnaître par l'obtention de la *bonorum possessio.* Ceci montre bien que l'hérédité était le bénéfice immédiat du succès de l'action.

Le tribunal des centumvirs était compétent pour en connaître, en effet, il connaissait spécialement des questions d'hérédité. La *querela* était transmissible aux héritiers du jour où elle avait été exercée, c'est-à-dire à l'origine du jour où la novation s'était opérée et où la *litis contestatio* avait fait un droit d'une simple injustice à relever, plus tard il suffit que l'action eût pris un corps. La manifestation claire de la volonté du légitimaire suffisait même pour opérer cette novation fictive.

Quant à la dernière innovation de Justinien qui admit la transmission de la *querela*, bien qu'elle n'eût pas été intentée, aux descendants du légitimaire qui mourait, *deliberante instituto*, si elle ne peut se rattacher de près ou de loin à l'effet de la *litis contestatio*, elle n'en consacre que davantage le caractère de pétition d'hérédité que nous lui avons reconnu.

Ainsi la *querela* n'était pas toujours transmissible ; d'autre part, elle n'était pas perpétuelle. Ces deux qualités seules lui manquaient pour être une véritable pétition d'hérédité ; elles étaient incompatibles avec la nature d'action d'injure dont la *querela* tenait également.

2° C'était dans sa cause une action d'injure. Cela ressort de la lecture de tous les textes sur la matière et des expressions qui y sont employées. Cette idée est même comprise dans la définition de l'*officium pietatis*. La *querela* n'était pas annale, il est vrai, comme l'action d'injure proprement dite, mais elle était du moins temporaire et ne durait pas au delà de cinq ans.

Elle était personnelle, ne pouvait être intentée pour le compte du légitimaire, contre son gré, et, à l'origine du moins, tant qu'elle n'avait pas été exercée, elle mourait avec le légitimaire ; le pardon l'éteignait, et nous avons vu qu'il se présumait facilement. Enfin, elle exposait le légitimaire qui échouait à la peine d'indignité.

§

Nous avons différé, jusqu'au moment où nous aürions défini la nature de la *querela*, d'examiner la nature de l'action en complément qui la suppléait lorsque, pour les raisons déjà exposées, la *querela* était refusée au légitimaire qui n'avait reçu que partie de sa légitime, et de comparer entre elles ces deux actions.

Cette action en complément était une *condictio ex lege*. Elle était en conséquence personnelle, elle n'avait pas le caractère d'action d'injure et était transmissible aux héritiers. Elle n'était pas perdue par le légitimaire qui avait accepté ce qui lui avait été laissé et elle n'exposait pas le demandeur à perdre ce qu'il avait reçu, s'il échouait.

D'ailleurs, elle ne menaçait ni l'institué ni les légataires dans leurs. droits; elle faisait seulement réduire l'importance des libéralités à eux faites.

En un mot, elle différait en tous points de la *querela;* elle était, il est vrai, moins favorable au légitimaire, mais elle respectait du moins autant que possible la volonté du défunt et les droits de l'institué et des légataires; c'est que dans tous les cas où elle était admise à remplacer la *querela*, le testateur semblait avoir voulu remplir vis-à-vis de son légitimaire le vœu de la loi.

TABLE DES MATIÈRES

—⧈—

DROIT FRANÇAIS

DE LA POSSESSION

ET

DE LA PRESCRIPTION DES SERVITUDES

—◦≫◦—

INTRODUCTION

Partout où l'activité humaine peut s'exercer l'intervention de la loi devient nécessaire; c'est ainsi que les choses matérielles occupent une place dans ses dispositions. La loi baptise ces choses du nom de biens, dès qu'elles deviennent objets de droit, et selon leur nature elle décide de quels droits ces objets peuvent être susceptibles.

Le traité des biens n'est à vrai dire que le second chapitre du traité des personnes, c'est l'ensemble des rapports des personnes avec les objets extérieurs. Lorsque le rapport est entier entre la personne et le bien, c'est-à-dire, lorsque la personne est en droit de prendre au bien tout ce que le bien peut lui donner, ce rapport s'appelle propriété. La propriété devient ainsi l'un des attributs, l'une des manifestations de la personnalité humaine.

Les immeubles sont assurément, parmi les biens, ceux qui

reçoivent et gardent le mieux l'empreinte de notre activité. Aussi sont-ils les biens par excellence, et le mot de propriété, quand il s'applique aux immeubles, semble-t-il, une valeur juridique plus pleine que quand il s'applique à tous autres biens.

Mais l'action de l'homme peut se manifester sur les objets extérieurs à de moindres degrés; elle n'est pas toujours exclusive, le même objet peut subir le concours de plusieurs activités, et certains des davantages que la propriété renferme peuvent en être détachés et appartenir à d'autres que le propriétaire. Il en est ainsi des droits réels et du droit de servitude foncière entre autres.

L'appropriation individuelle ou collective, et suivie en ce cas d'un partage, a certainement été la source de la propriété.

Le premier effet de l'appropriation de la terre a été de l'individualiser, et de créer des limites. Mais l'activité humaine est de sa nature entreprenante et débordante, et du jour où les hommes se sont partagé le sol et l'ont adapté à leurs besoins, soit en le cultivant, soit en y construisant leurs habitations, du jour où la propriété de chacun a eu pour limite la propriété d'autrui, des rapports de sujétion et de dépendance se sont forcément établis entre les fonds. Les servitudes sont nées. Et de même que l'état social avait exigé que la condition respective des personnes fût organisée, de même la contiguïté forcée des héritages exigea que la condition respective des fonds fût établie, et que les rapports de voisinage fussent soigneusement réglés.

Ce sont ces règles issues de la contiguïté des héritages qui vont nous occuper, mais à un point de vue particulier qu'il importe avant tout de déterminer.

Les servitudes ont commencé par appartenir exclusivement au domaine des faits. Elles ont suivi les mouvements et les progrès de la propriété, et ont concouru de la façon la plus efficace à son développement comme au développement de l'agriculture et de l'industrie. Il est en effet quelquefois difficile de calculer combien une servitude peut profiter à un fonds sans nuire d'une façon sensible au fonds qu'elle grève.

C'est donc sous l'influence de la vie que l'homme a, pour ainsi dire, communiqué à la terre, c'est sous l'influence des besoins de chaque jour que les servitudes se sont fondées; c'est ainsi qu'elles se sont offertes à l'attention et à l'analyse des législateurs. Mais, comme toutes les éducations fruit de l'expérience, la doctrine sur cette matière s'est lentement formée, et a présenté longtemps bien des lacunes et des imperfections. L'insuffisance de la législation romaine, le chaos de notre législation coutumière sur les servitudes en sont le meilleur témoignage.

Cependant ces rapports de contiguïté des héritages constituent aujourd'hui, dans notre Code, un système complet. La théorie des servitudes est faite. Il en revient un grand honneur aux législateurs de 1804. Grâce à eux, l'empire de la loi a remplacé définitivement, pour les servitudes, le domaine de l'arbitraire.

Le bienfait du Code civil dans la réglementation des rapports de servitudes a été précisément de réduire à de justes limites le crédit et l'autorité que devait avoir, au triple point de vue de l'acquisition, de la conservation et de la perte de ces droits, l'exercice des servitudes. Même dans la sphère du droit, le fait doit avoir toujours sa légitime influence; mais, tandis que l'exercice d'une faculté de droit fait en général présumer le droit, l'exercice d'une servitude est en lui-même suspect, et fait naître plutôt dans l'esprit l'idée d'un empiétement que celle d'un droit acquis. Il en est ainsi du moins pour beaucoup de servitudes, et si l'on eût appliqué généralement aux servitudes les effets ordinaires de la possession, on aurait autorisé, sous le titre de rapports de voisinage, des entreprises de toutes sortes sur la propriété.

Comment l'influence de la possession sur l'acquisition, la conservation et la perte du droit de servitudes a-t-elle été réglée ? Tel va être l'objet de notre étude.

Nous n'hésitons pas à dire qu'en abordant l'étude des servitudes au point de vue que nous venons de déterminer, nous sommes assurés de les envisager sous leur côté le plus intéressant et le plus vivant, et surtout sous leur côté le plus fécond, le mieux propre à nous faire apercevoir les caractères essentiels de ces droits et leur véritable nature. Si, en effet, comme nous l'avons dit, c'est l'activité, c'est la personnalité humaine qui a engendré entre les fonds les rapports de contiguïté que l'on appelle servitudes, et si la théorie des servitudes est le fruit de l'expérience, nous sommes certains d'étudier les servitudes à leur point de vue original et particulier en recherchant quelle est la part d'influence laissée par notre loi en cette matière au fait et à l'activité de l'homme.

§

Sous le titre de Définitions nous allons examiner :

1° Quels sont les rapports de voisinage entre les fonds qui doivent être appelés servitudes;

2° Quelle est la nature du droit de servitude, et si les servitudes sont susceptibles d'une possession véritable;

3° Quelle est la nature de la possession et comment les règles de la possession s'appliquent aux servitudes.

Nous étudierons ensuite les effets de la possession des servitudes.

DÉFINITIONS

I

Quels sont les rapports de voisinage entre les fonds qui doivent être appelés servitudes?

Sous le titre : Des Servitudes ou services fonciers, notre Code rassemble des dispositions de natures très-différentes : les unes (articles 640 à 648), sous le chapitre : Des Servitudes qui dérivent de la situation des lieux, ne font que reconnaître et consacrer des rapports de dépendance naturelle et pour ainsi dire purement physiques entre les fonds. D'autres (articles 649 à 685), sous le chapitre : Des Servitudes établies par la loi, prévoient les frottements nécessaires et les empiétements inévitables entre propriétés contiguës. Et pour prévenir les conflits que la liberté laissée à chacun n'aurait pas laissé de produire, elle règle et organise ces rapports de voisinage. Les autres enfin (articles 686 à 710), sous le chapitre : Des Servitudes établies par le fait de l'homme, consacrent le principe de la liberté des conventions en matière de rapports de contiguité des fonds. Elles classent ces rapports, et suivant leur nature, elles en règlent l'établissement, le mode d'exercice, la conservation et la perte.

Telle est, à quelques erreurs de classifications près commises par le Code, le fonds de sa division des servitudes.

Cette division du Code est très-profonde et très-exacte, elle embrasse dans un ordre incontestable tous les rapports de contiguité entre les fonds et les classe bien selon leur nature.

Mais tous les rapports de contiguité sont-ils des servitudes ? Telle est la question.

A un certain point de vue, si l'on admet que la liberté des fonds est de droit naturel, toute restriction apportée à cet état pourra être appelée servitude. « C'est grever un pro- « priétaire d'une servitude que de l'empêcher de faire sur « son fonds ce qui lui est permis par le droit naturel. » (Merlin, tome V, Servit. § 3.)

Mais, est-ce bien là l'idée qui est enfermée dans le mot de servitude et dans la définition que nous en donne l'article 637 ? En effet, le mot de servitudes fait naître l'idée d'une dépendance, d'une exception au droit commun, et l'article 637 nous dit : « Une] servitude est une charge imposée sur un « héritage pour l'usage et l'utilité d'un héritage appartenant à « un autre propriétaire. »

La servitude spupose donc un état de choses qui augmente une propriété et qui diminue l'autre, mais peut-on dire cela des règles qui forment, pour ainsi dire, le droit commun de la propriété. « Il en est, dit Demolombe, de la liberté des « fonds comme de la liberté des personnes. » Or, nous savons que la liberté des personnes est dans notre droit une liberté organisée et relative, faite de sacrifices et de concessions réciproques. C'est, comme on l'a dit, la liberté de faire ce qui ne peut nuire à la liberté de personne. Or, qu'il s'agisse de personnes ou qu'il s'agisse de biens, dans le domaine entier du droit, le seul élément actif c'est l'homme, et la loi doit créer et maintenir sans cesse l'équilibre.

Les servitudes naturelles et légales sont la loi de la propriété et de la contiguité. C'est, dit encore Demolombe, la propriété civilisée et disciplinée.

La contre-partie de cette manière d'envisager les servitudes est dans cette proposition non moins vraie que la précédente :

que l'état contraire aux servitudes naturelles et légales provenant du fait de l'homme crée une servitude au profit du fonds qui est affranchi sur le fonds qui perd son avantage naturel ou légal. Or, si les servitudes naturelles et légales étaient des servitudes proprement dites leur état contraire serait la liberté.

Ainsi le propriétaire qui établit ses jours et ses vues à la distance réglée par les articles 676 et 677 tient son droit de la loi, il agit *non jure servitutis, sed jure dominii*. Il profite seulement d'un droit inhérent à sa propriété ; et quant au fonds soumis au jour ou à la vue il subit simplement une condition du voisinage, et s'il en était dispensé il ne faudrait pas dire qu'il serait affranchi d'une servitude. Mais il serait vrai de dire qu'il a acquis une servitude sur le fonds qui ne peut plus user vis-à-vis de lui d'un des bénéfices communs de la propriété. De même celui qui aurait été affranchi de 'obligation de recevoir l'eau qui découle naturellement du onds supérieur aurait acquis une servitude sur ce fonds.

§

Toutes ces observations présentent, au point de vue de notre étude, le plus grand intérêt. Ainsi comprises, les servi-udes naturelles et légales rentrent purement et simplement dans l'exercice du droit de propriété suivant la définition qui en est donnée par l'article 544 ; et nous pouvons dire dès maintenant qu'en cette qualité elles tombent sous l'application d'une des règles fondamentales de notre matière, qui est consignée au titre général de la Prescription dans l'article 2232, aux termes duquel les actes du pure faculté ne peuvent fonder ni possession ni prescription.

La possession ne peut mener à l'acquisition de ces servitudes, qui sont toutes acquises en vertu de la loi dès que la nature des lieux ou les circonstances s'y prêtent. Leur exercice est inutile pour les conserver, car le droit d'en user est renouvelé sans cesse par la force virtuelle de la loi.

Prenons un exemple : Aux termes de l'article 641, le propriétaire d'un fonds dans lequel une eau de source prend naissance a la faculté de la laisser couler sur le fonds inférieur, et le propriétaire du fonds inférieur a l'obligation de la recevoir. Nous disons, en nous appuyant sur l'article 2232 : à raison de l'exercice ou du non exercice de cette servitude naturelle, il ne peut résulter aucune possession ni prescription ni d'un côté ni de l'autre. C'est-à-dire que le propriétaire supérieur dans le fonds duquel la source prend naissance aura toujours le droit de la détourner au préjudice des propriétaires inférieurs. En effet, ces derniers, en usant de cette eau, n'ont exercé qu'une pure faculté et n'ont acquis aucun droit. Leur droit est limité à cette faculté et disparaît avec elle.

D'autre part, le propriétaire supérieur qui aurait pendant plus de trente ans retenu sur son fonds les eaux de la source qui y prend naissance n'en serait pas moins fondé ensuite à les laisser couler de nouveau suivant leur pente naturelle sur les fonds inférieurs. En effet, c'est une simple faculté qu'il n'a pas exercée pendant trente ans et qui ne pouvait se perdre par le non usage, parce que la disposition de la loi renouvelle sans cesse son titre à en user.

Devons-nous cependant écarter ces prétendues servitudes et déclarer qu'elles n'offrent aucun intérêt au point de vue de notre étude ?

Certainement non. D'abord, tout ce que nous venons de dire ne s'applique pas, nous le verrons, au bénéfice des actions possessoires ; nous devons dire en outre que la possession et la prescription peuvent jouer un rôle à l'occasion de ces servitudes ; toutefois, ce n'est jamais qu'en les modifiant et les faisant changer de nature. En effet, la charge naturelle ou légale consacrée par la loi peut être diminuée ou augmentée par l'usage de la servitude ou la possession d'une faculté contraire : le droit obtenu alors est une servitude du fait de l'homme.

§

Nous avons confondu les servitudes naturelles et les servitudes légales, parce qu'au point de vue où nous nous placions elles présentaient le même caractère. Elles ne diffèrent d'ailleurs que dans leur cause.

Les premières ne sont que la reconnaissance par la loi de nécessités physiques, et la consécration de principes de bons sens et de raisons universels. — Les servitudes légales sont des dispositions tout à fait arbitraires et toutes de droit positif.

§

Nous avons parlé d'erreurs commises par le Code dans sa classification : en effet, le Code y a compris certaines dispositions qui, si, en général, elles n'ont pas le caractère essentiel des servitudes, en ont du moins l'apparence et impliquent l'exercice d'une action quelconque d'un fonds sur l'autre. Mais il en est qui ne présentent même pas cette apparence, et qui n'auraient eu leur place que dans le titre de la propriété dont elles ne sont qu'un attribut. C'est par exemple tout ce qui concerne le bornage et le droit de clôture. (Articles 646-647 et 661).

§

Il n'y a donc de servitudes proprement dites que celles que le Code nomme « servitudes établies par le fait de l'homme » ;

7

le fait de l'homme, cela veut dire l'action, la volonté de l'homme.

Si nous supposons deux héritages voisins, l'un de ces héritages peut commander l'autre par sa situation naturelle et lui envoyer ses eaux, par exemple, et d'autre part n'avoir avec lui aucun autre rapport :

La volonté de l'homme peut, d'une part, contrarier la dépendance naturelle de ces fonds en corrigeant la nature; elle peut, sur d'autres points, rompre leur indépendance naturelle, elle peut enfin régler leurs rapports de vue, de mitoyenneté, d'égout par dérogation aux règles des servitudes légales. Tel est au point de vue générique le champ de servitude ouvert à la volonté de l'homme.

Au point de vue spécifique ce champ est illimité.

Il faut cependant, remarquons-le bien, que l'avantage d'un fonds sur l'autre ait le caractère d'un simple rapport de voisinage pour pouvoir rentrer dans la classe des servitudes.

II

De la nature du droit de servitude. — Comment la servitude est susceptible d'une possession véritable.

Voyons d'abord quelle est la nature essentielle du droit de servitude.

L'article 543 du Code civil, énumérant les droits dont les biens immobiliers sont susceptibles, s'exprime ainsi : « *On « peut avoir sur les biens ou un droit de propriété ou un « simple droit de jouissance, ou des services fonciers à pré- « tendre.* »

Cet article nous donne la véritable nature du droit de servitude réelle. La servitude réelle est, au même titre que la propriété, un droit sur un immeuble; la seule différence est dans l'étendue du droit: la propriété d'un immeuble comprend tous les droits qu'on peut avoir sur cet immeuble, une servitude ne comprend qu'un droit détaché de l'immeuble grevé et diminuant celle-ci. A ne considérer dans la propriété et dans la servitude que l'objet du droit, c'est bien là toute la différence qu'il est permis de signaler entre elles.

Mais nous ne sommes pas d'accord avec la doctrine qui divise les biens en corporels et incorporels et qui fait de la propriété un bien corporel et de la servitude un bien incorporel, et déclare les servitudes susceptibles seulement d'une quasi-possession.

Cette distinction, cependant, est un héritage des jurisconsultes romains, mais leur analyse, si profonde et si exacte en général, nous semble ici en défaut.

Les objets matériels et en particulier les fonds de terre et les fonds bâtis, qui seuls sont ici en cause, ne sont des biens, nous l'avons dit en commençant, et n'entrent dans notre patrimoine que sous le rapport des droits que nous pouvons prétendre sur eux. La propriété résume tous ces droits, mais encore n'est-elle que le droit le plus étendu que l'on puisse avoir sur une chose. Notre patrimoine ne compte que des droits, or tous les droits sont incorporels au même chef. D'un autre côté, tous les droits réels, à l'exception toutefois de l'hypothèque, pure création du droit positif, ont un *corpus* sur lequel ils reposent et tous au même titre pourraient être appelé biens corporels.

Toute la différence entre les uns et les autres consiste dans l'étendue de la détention matérielle qu'ils comportent : ainsi la propriété d'un fonds, absorbant pour ainsi dire le fonds lui-même dans l'ensemble des attributs qu'elle renferme, comporte une détention absolue et exclusive du fonds qui y est soumis; la servitude au contraire, qui ne comprend qu'un droit détaché de la propriété du fonds sur lequel elle s'exerce, ne comporte qu'une détention corporelle très-restreinte. Le *corpus*, l'élément physique, est en proportion avec le droit, mais il existe d'une façon indéniable; j'en prends seulement pour preuve cette maxime du droit ancien qui est encore la règle de notre droit : *Servitus consistit non in faciendo, sed in patiendo.* Le fonds servant subit, et ne serait-ce que la servitude de vue ou de prospect qu'il subit, il est en un point quelconque l'objet d'une action physique, d'une détention corporelle; c'est ce qui a fait dire à je ne sais quel auteur ancien : « C'est presque la même chose de porter le pied ou les yeux sur le terrain d'autrui. »

C'est pour avoir adopté la distinction du droit romain et avoir fait de la servitude un bien incorporel, par distinction avec la propriété, que la doctrine que nous combattons a jugé les servitudes insusceptibles de possession, réservant la possession aux biens dits corporels.

A un point de vue général, si on considère que tous nos droits sont susceptibles d'exercice et se manifestent par des actes, on serait tenté de dire que tous sont susceptibles de possession et on y serait autorisé par la définition contenue dans l'article 2228 : « *La possession est la détention ou la jouissance d'une chose ou d'un droit que nous tenons ou que nous exerçons par nous-même ou par un autre qui la tient et qui l'exerce en notre nom.* » Mais néanmoins il faut convenir que ce serait dépasser la portée théorique du mot; le mot de possession, j'entends possession capable de produire des effets de droit, renferme toujours l'idée d'un corps, d'une détention corporelle.

La servitude étant un bien incorporel, a-t-on dit, n'est pas susceptible de possession ; seulement, pour satisfaire aux exigences doctrinales et pratiques qui voulaient que l'exercice de ces droits fût reconnu et garanti, on a imaginé la quasi-possession des servitudes.

Quand il s'agit de propriété, l'objet de la possession, c'est l'immeuble même, disent les partisans de la quasi-possession, tandis que celui qui exerce une servitude ne possède jamais qu'un droit sur un immeuble. Mais c'est là l'erreur : exercer un droit qui consiste uniquement en un avantage sur un immeuble, ou un droit qui comprend tous les avantages possibles sur cet immeuble, c'est exercer des droits différents par leur étendue, mais non par leur nature, et comme tous deux, à un degré correspondant à leur étendue, comportent une détention matérielle de l'immeuble, si l'exercice de l'un peut, à raison de cela, être appelé possession, il doit en être ainsi de l'autre.

D'ailleurs, la distinction que nous combattons est en opposition avec les expressions formelles de la loi : les articles 690 et 691 ne parlent que de la possession des servitudes.

Si donc les servitudes sont susceptibles d'une possession véritable, et si nous allons, d'accord avec les partisans de la quasi-possession, leur appliquer les règles de la possession, pourquoi créer une distinction sans objet et quand on est en face de l'application pure et simple d'un principe connu, pourquoi commencer par s'en détourner?

§

Nous envisageons donc les servitudes comme des droits réels, comportant une possession véritable au même titre que la propriété. Mais en dehors de ces caractères qui font entrer le droit de servitude dans la classe des droits réels, il est un caractère propre à ce droit qui le distingue de tous les autres et qui en forme le côté vraiment original.

Nous avons dit, en effet, que la servitude était un droit réel, mais nous ne l'avons envisagé qu'au point de vue de son objet. A vrai dire, la réalité du droit de servitude est double : elle est aussi bien active que passive, aussi bien subjective qu'objective. C'est en effet un droit sur un immeuble, c'est aussi, à certains égards, un droit au profit d'un immeuble.

Toutefois, il ne serait ni suffisant ni exact de dire que la servitude est un rapport entre deux fonds. La véritable formule de la pensée que nous voulons exprimer nous est d'ailleurs donnée par l'art. 637 rapporté plus haut. Il résulte de cet article que les deux fonds en rapport doivent appartenir à deux propriétaires différents pour que leur rapport puisse être appelé servitude. Il faut, autrement dit, que les deux fonds dépendent de deux patrimoines différents, qu'ils soient sous l'action de deux personnalités distinctes. Nous pouvons donc dire, en nous reportant à la signification déjà donnée par nous au mot de propriété, que toute servitude suppose deux propriétés en présence et non pas seulement deux fonds. D'ailleurs, l'intérêt du bon voisinage des fonds, livrés à eux-mêmes, serait nul et ce n'est que l'intérêt des personnes et des propriétaires voisins qui a préoccupé le législateur. Tout cela est si vrai que si deux fonds entre lesquels existe une servitude viennent à appartenir tous deux à la même personne, la servitude est éteinte. Dès qu'il n'y a plus que deux fonds ou deux portions d'un même fonds en présence et non plus deux propriétés, le conflit d'intérêts cessant, les dispositions de la loi spéciale aux servitudes ne s'appliquent plus et le droit de propriété suffit désormais à tout expliquer. Et l'on peut dire, pour traduire avec toute exactitude la pensée de l'article 637, que le propriétaire qui jouit de la

servitude n'en jouit que *propter rem*, de même que le propriétaire qui en souffre, n'en souffre que *propter rem*.

C'est à raison de la réalité active du droit de servitude que
nous venons de signaler que notre Code appelle les servitudes
qui nous occupent, servitudes *réelles*, et qu'il les distingue
d'autres droits, tels que l'usufruit, l'usage et l'habitation,
qu'il appelle servitudes *personnelles* et qui sont en effet
établies sur un immeuble au profit d'une personne. Ce n'est,
en effet, que sous le rapport de leur sujet que l'on peut envisager ces droits pour les distinguer ainsi ; sous le rapport de
leur objet, les servitudes réelles et les servitudes personnelles
sont toutes deux, au même chef, des droits réels.

§

De la réalité active du droit de servitude, nous avons plusieurs conséquences intéressantes à dégager dès maintenant.

Il faut, pour que l'avantage tiré du fonds servant soit une
servitude, qu'il profite non pas directement à la peronne du
propriétaire du fonds dominant, mais à son fonds d'abord et
avant tout ; tout envahissement, commis sur le fonds d'autrui, qui n'aurait pas ce caractère ne serait pas une servitude
et la possession n'en saurait rentrer dans notre étude.

L'avantage de la servitude étant attaché à la propriété du
fonds dominant, la servitude participe du caractère de per--
pétuité de la propriété et se distingue par loi de tous ses
autres démembrements.

C'est au caractère de réalité active et de perpétuité du
droit de servitude que nous rattacherons cette proposition :
que la servitude profite à qui détient le fonds dominant et
qu'elle est conservée au propriétaire de ce fonds par quiconque l'a exercée. En effet, la réalité du droit comporte

ce double effet : que celui qui détient jouit des avantages
réels de la chose, et que les avantages réels, acquis à la
chose par celui qui la détient, profitent à la chose indé-
finiment et en deviennent l'accessoire indivisible. D'autre
part, c'est à raison de la perpétuité de sa propriété, laquelle se
conserve sans avoir besoin d'être exercée, que le propriétaire
du fonds dominant profite de la servitude conservée à ce
fonds.

La réalité active du droit de servitude veut encore que ce
droit ne puisse être séparé de la propriété à titre de droit réel
spécial, c'est-à-dire, cédé à part, hypothéqué ou grevé
d'usufruit.

Il résulte encore du même principe que la servitude est indivisible et nous verrons que celui qui l'exerce la conserve au
fonds tout entier et pour l'avantage de tous ceux qui ont des
droits sur chaque partie du fonds.

Mais si la servitude, par sa réalité active, est l'accessoire de
la propriété, si elle ne se comprend pas sans elle, elle a sa vie
propre et indépendante, elle naît, se conserve et s'éteint en
dehors d'elle. Disons en outre que le caractère de concession
qu'elle présente toujours fait que, bien que perpétuelle comme
la propriété, elle ne jouit pas de l'avantage d'être conservée
sans être exercée.

III

De la nature de la possession et des règles de la pos-
session appliquées aux servitudes

Les servitudes, avons-nous dit, sont susceptibles de possession.

1°. — QUELLE EST LA NATURE DE LA POSSESSION ?

La possession n'est pas à vrai dire un droit particulier, et la définition que nous en donne l'article 2228 nous la montre plutôt comme un état de fait reconnu par la loi ; ce sont les faits d'exercice d'un droit envisagés dans leur ensemble, et cet ensemble de faits est admis par la loi à produire sous certaines conditions des effets de droit. Tous ces effets que nous étudierons plus loin reposent sur une seule idée : la possession fait présumer le droit et ces effets varient suivant le degré de force de la présomption, laquelle augmente elle-même avec la durée de la possession.

L'analyse de la présomption de légitimité, sur laquelle reposent tous les effets de la possession, nous montre dans cette présomption deux éléments ou pour mieux dire deux faces à considérer : l'une qui regarde celui qui possède, l'autre celui contre lequel la possession s'exerce.

Quand nous avons voulu établir que les servitudes étaient susceptibles de possession, des deux éléments de toute possession, nous n'avons nommé que le *corpus*, l'élément corporel qui seul pouvait être soupçonné de manquer aux servitudes. Mais il est un autre élément constitutif de la possession et indispensable pour qu'elle produise ses effets, c'est la volonté, l'intention d'exercer ce droit, ce que les Romains appelaient *animus sibi habendi*.

Si l'*animus sibi habendi*, joint à l'exercice de la servitude était suffisant pour que la possession fût efficace, toutes les servitudes pourraient toujours être utilement possédées et acquises par la prescription, mais il faut encore que celui dont les droits sont lésés par la possession, soit consentant, ou du moins que la nature même de la possession fasse présumer son consentement. Mais quel consentement? Suffirait-il que celui dont le bien est posssédé sous un rapport quelconque de servitude, en eût connaissance ou que la nature même de la possession qui le grève impliquât cette connaissance? Non, le consentement tacite dont nous parlons doit être égal et répondre à l'intention du possesseur; c'est le consentement à l'exercice d'un droit et non d'une simple licence que la nature de la possession doit faire présumer. L'article 2232 est formel : « *Les actes de simple tolérance ne peuvent fonder ni possession, ni prescription.* »

L'intention d'exercer un droit, d'un côté, le consentement tacite, de l'autre, voilà les deux éléments constitutifs de la présomption de légitimité sur laquelle tous les effets de la possession reposent; telle est la double raison de toutes les règles de la possession civile, c'est-à-dire de celle qui donne droit aux actions possessoires et mène à la prescription.

Quelles sont ces règles et comment s'appliquent-elles aux servitudes?

C'est ce que nous allons examiner sans nous préoccuper encore de la question de savoir quelles sont, parmi les servitudes, celles dont la possession réunit toutes les conditions de la possession civile.

§

Nous allons faire usage dès maintenant de la division des servitudes faites par le Code dans les articles 688 et 689, nous devons la faire connaître.

Nous n'avons reconnu en commençant comme véritables servitudes que les servitudes établies par le fait de l'homme, c'est-à-dire, la volonté de l'homme. Mais cette volonté est sans limite et l'on comprend que le Code n'ait pas entrepris l'examen de toutes les servitudes qui peuvent être établies entre deux fonds. Le Code a classé les servitudes suivant leur nature et d'après leurs caractères les plus saillants; c'est ainsi qu'il distingue les servitudes en continues ou disconti-nues, apparents ou non apparentes.

Cette distinction n'était pas employée par les Romains, le législateur de 1804 l'a puisée dans le droit coutumier.

Le Code, dans les articles 688 et 689, définit ce qu'il en-tend par servitude continue ou discontinue, apparente ou non apparente : « *Les servitudes continues sont celles dont* « *l'usage est ou peut être continuel, sans avoir besoin du* « *fait actuel de l'homme : telles sont les conduites d'eau, les* « *égouts, les vues et autres de cette espèce. Les servitudes* « *discontinues sont celles qui ont besoin du fait actuel de* « *l'homme pour être exercées, telles sont les droits de passage,* « *puisage, perçage et autres semblables.* » (*Art. 688.*)

« *Les servitudes apparentes sont celles qui s'annoncent par* « *des ouvrages extérieurs, tels qu'une porte, une fenêtre, un* « *aqueduc. Les servitudes non apparentes sont celles qui* « *n'ont pas de signe extérieur de leur existence, comme par* « *exemple, la prohibition de bâtir sur un fonds ou de ne bâ-* « *tir qu'à une hauteur déterminée.* » (*Art. 689.*)

Nous n'avons pour le moment rien à ajouter à cette distinc-tion dont nous verrons plus tard toute la portée et dont nous apprécierons tout le mérite, au point de vue qui nous occupe.

Notre Code n'a point reproduit une autre division des ser-vitudes, usitée autrefois et d'après laquelle on distinguait encore les servitudes en affirmatives et négatives ; on appelait affirmatives ou positives, les servitudes qui consistent pour le propriétaire du fonds servant *in patiendo*, comme les servi-tudes de vue, de passage, et négatives celles qui consistent *in non faciendo*, comme la servitude de ne pas bâtir.

Cette distinction avait autrefois une grande importance : le

délai de la prescription à l'effet d'acquérir partait pour les
servitudes affirmatives du jour où on les avait exercées et pour
les servitudes négatives seulement du jour de la contradiction, c'est-à-dire, du jour où le propriétaire du fonds dominant avait sommé son voisin de ne pas exercer telle ou telle
faculté sur la propriété. Cette distinction n'a plus aujourd-
'hui grand intérêt ; remarquons, toutefois, que les servitudes non apparentes et continues sont négatives et que les servitudes discontinues, apparentes ou non apparentes, sont
toutes positives.

2°. — COMMENT LES RÈGLES DE LA POSSESSION S'APPLIQUENT AUX SERVITUDES.

Pour pouvoir prescrire, dit l'article 2229, il faut une possession continue et non interrompue, paisible, publique, non
équivoque, et à titre de propriétaire.

Appliquons aux servitudes ces divers caractères constitutifs
de la possession civile.

§

1° La possession doit avoir étécontinue et in interrompue.
Ces deux conditions, quoique ayant une certaine analogie,
sont distinctes, et il y a intérêt à les rapprocher pour ne pas
les confondre.

Le défaut de continuité se produira toutes les fois que la
possession étant possible en fait et en droit elle n'a pas lieu.

Il y aura interruption toutes les fois que la possession en
fait ou en droit est impossible, parce qu'elle a été contredite.
En effet, la présomption sur laquelle reposent tous les effets
de la possession, et dont nous faisions tout à l'heure l'analyse,

est fondée sur l'autorité probante qu'acquiert aux yeux de la loi l'exercice prolongé et sans contradiction de certains droits.

Or, c'est la succession même des faits de possession se rattachant aux faits de possession précédents, qui fait présumer l'intention d'exercer un droit chez le propriétaire du fonds dominant, et d'autre part la non contradiction fait présumer le consentement du propriétaire du fonds servant. Inversement, tout non exercice de la servitude, dût-elle être exercée à nouveau ensuite, toute lacune dans les faits de possession fait tomber la présomption d'intention. C'est ce qu'on appelle, dans le cas de l'article 2229, le défaut de continuité. Et l'interruption naîtra de la contradiction, soit naturelle, soit civile, et fera tomber la présomption d'intention, si c'est une reconnaissance émanée du possesseur, et la présomption du consentement de celui qui souffre de la servitude s'il s'agit d'un obstacle matériel ou civil mis à la possession.

Fixons-nous bien sur la portée et le sens exact de chacune de ces conditions.

§

En ce qui touche la continuité, le possesseur ne doit pas être considéré comme ayant cessé de posséder, par cela seul qu'à tel moment donné il ne pouvait plus faire usage de la servitude : quand l'obstacle qui s'oppose, pendant un temps plus ou moins long, à l'exercice de la servitude, provient d'un événement de la nature, en pareil cas, le non usage de la servitude étant tout à fait indépendant de la volonté du possesseur, la possession doit être conservée, si toutefois il reste un signe apparent de la servitude qui serve à remplir la condition de publicité à laquelle la possession doit satisfaire.

Et encore faut-il toujours faire la part des faits et décider quelquefois d'après les principes d'équité et de raison.

Ainsi, une maison est incendiée; on la rase pour la recons-
truire. Je suppose que cette maison jouissait de la servitude
de vue sur la propriété voisine, la possession de la servitude
sera-t-elle perdue par cela seul que la trace en a momentané-
ment disparu? Je dis que non, si la maison est reconstruite
avec la fenêtre par laquelle la vue s'exerçait. Et pour expliquer et compléter ma pensée, j'ajoute que si la maison n'était
reconstruite que fort longtemps après l'événement qui l'a
ruinée, la possession de la servitude pourrait être jugée perdue; qu'il devrait en être de même si la maison était reconstruite sans fenêtre ou avec de simples jours sur la propriété
voisine, et qu'il en serait ainsi lors même que le propriétaire
du fonds dominant, le lendemain de l'achèvement de sa
construction, se ravisant, ferait percer une fenêtre là où était
celle qui existait avant l'incendie de sa maison.

Le caractère de la continuité change d'ailleurs avec les différentes natures de servitudes. L'exercice de certaines servitudes continues et apparentes, comme celles de vue, d'égout,
d'aqueduc, ne s'effectue que par l'existence de certains ouvrages,
bien qu'elles n'en soient pas tout à fait dépendantes, comme
nous venons de le voir. La continuité de la possession de ces
servitudes résultera du maintien de ces ouvrages.

Les signes apparents de ces servitudes une fois établis con-
servent par eux-mêmes et par eux seuls la possession de la
servitude. *Signum retinet signatum.*

Les servitudes discontinues pour être possédées d'une façon continue, ne doivent pas être exercées sans cesse; il suffit
qu'elles soient exercées quand les besoins du fonds dominant
l'exigent et ce n'est, nous l'avons dit, que l'abstention ou la
cessation des actes ou faits de l'homme constituant cette possession qui peuvent la faire perdre. Or, il est des servitudes

qui s'exercent journellement et d'autres qui ne s'exercent qu'à des intervalles périodiques plus ou moins éloignés.

Il résulte de l'explication qui précède que le caractère de la continuité de la possession des servitudes doit être soigneusement distingué du caractère de la continuité des servitudes. C'est le même mot appliqué à deux idées d'un ordre très-différent et nous venons de voir qu'une servitude discontinue peut être envisagée sous le rapport de la continuité de la possession.

Pour que l'exercice de la servitude soit continu, il faut qu'il soit l'exercice continuel de la même servitude, et, par exemple, pour reprendre notre hypothèse de tout à l'heure, celui qui reconstruirait sa maison, laquelle jouissait avant l'incendie qui l'a ruinée d'une servitude de vue sur le fonds voisin, et qui ménagerait une fenêtre à une place différente de l'ancienne, ou bien qui, ayant vue autrefois par une des façades de sa maison, ménagerait sa vue par une autre façade, celui-là perdrait certainement la possession de la servitude dont il jouissait avant l'incendie et c'est la possession d'une nouvelle servitude qui commencerait à courir à son profit.

§

En ce qui touche l'interruption, nous avons peu de choses à dire. Nous n'avons pas à nous étendre sur les diverses causes d'interruption de la possession; nous signalerons seulement entre les modes d'interruption civile et les modes d'interruption naturelle cette différence que les premiers, accusant nettement l'intention et la formulant, produisent effet *de plano* et interrompent à leur date la possession, tandis que ces modes d'interruption naturelle ne produisent effet que par la dépossession d'une année, soit que le possesseur la subisse de la part du propriétaire du fonds servant, soit même qu'il la subisse de la part d'un tiers. Si, avant l'année du trouble l'exercice de la servitude redevient possible, la possession n'a pas été interrompue. Si ce n'est qu'après l'année du trouble que le propriétaire peut user à nouveau de sa servitude, il pourra commencer une nouvelle prescription, mais il n'aura jamais le droit d'invoquer le temps qui avait couru avant la dépossession.

Il ne faut pas confondre l'interruption de la possession avec la suspension des effets de la possession. L'interruption est toujours du fait de l'homme, la suspension des effets de la possession ne se produit jamais que par l'effet de la loi, et, pour être suspendue par la loi, la possession n'en doit pas moins être continue et ininterrompue pour produire effet. Les effets de la possession sont produits par la somme des possessions ; la loi en exige dans certains cas une plus grande somme qu'à l'ordinaire, mais la nature, de la possession doit toujours être la même.

L'indivisibilité de la servitude produit, quant à l'interruption de la possession, un effet remarquable dont nous trouvons la formule dans l'article 709 qui, bien qu'écrit au chapitre de la prescription libératoire, est pleinement applicable, en matière de prescription acquisitive, au cas d'indivision du fonds servant. Si l'héritage sur lequel le voisin possède une servitude appartient à plusieurs propriétaires par indivis, l'interruption de la possession par l'un d'eux devra profiter à tous les autres. Nous verrons que le même effet est produit pour la même raison par la suspension des effets de la possession à l'égard d'un des copropriétaires par indivis.'

Les causes d'interruption civile de la prescription sont en premier lieu les actes juridiques d'interpellation suivants, énumérés par les articles 2244 et 2245 : les citations en justice, les commandements et les saisies.

Nous y ajouterons, avec l'article 2248, la reconnaissance que le propriétaire du fonds dominant fait du droit de celui contre lequel il prescrivait.

L'interruption naturelle de la possession d'une servitude continue et apparente résulte de la suppression des travaux ou de la création d'ouvrages contraires à l'exercice de la servitude. Pour les servitudes négatives, elle résulte de l'établissement de l'état de choses interdit par la servitude. Elle résulte, pour les servitudes discontinues dont l'exercice suppose le fait de l'homme, de l'obstacle mis à cet exercice, comme la fermeture d'une porte ou l'établissement d'une barrière s'il s'agit de la servitude de passage et la fermeture du puits s'il s'agit de la servitude de puisage.

§

2° La possession doit encore être paisible, c'est-à-dire : exempte de toute violence de la part du possesseur, et de toute tentative de faire cesser l'état de choses constitutif de la servitude de la part du propriétaire du fonds servant.

En droit romain, la possession qui commençait par la violence ne pouvait jamais produire effet. Dès que la violence a cessé en droit français, la possession devient utile (article 2239).

Le vice de la violence présente des caractères différents suivant la nature des servitudes. Pour les servitudes continues et apparentes elle n'a guère d'application que dans l'établissement des ouvrages constitutifs de la servitude.

Cependant si le propriétaire du fonds dominant qui a sur le fonds inférieur la servitude d'aqueduc, lorsqu'il va lever l'écluse qui retient ses eaux, éprouvait une résistance de la part du propriétaire inférieur, sa possession serait aussi violente. Mais, dans ce cas, pour que la violence puisse nuire à la possession

8

et la rendre vicieuse, il faut qu'elle ait un certain caractère de continuité. Un fait isolé ne vicierait pas la possession.

Cette dernière proposition s'applique aux servitudes discontinues.

Quant aux servitudes négatives, il faut, pour que leur possession ne soit pas violente, que l'abstention du propriétaire du fonds servant ne résulte pas d'une contrainte.

La violence ne doit être considérée, suivant nous, malgré l'indivisibilité de la servitude, que comme un vice relatif qui ne peut vicier la possession qu'à l'égard de celui qui l'a commise, s'il s'agit toutefois de la violence commise contre l'un des copropriétaires du fonds dominant. Je prends une servitude dont l'exercice soit divisible, la servitude de passage : il est hors de doute, suivant nous, que si le propriétaire du fonds servant ne fait d'opposition violente qu'au passage de l'un des copropriétaires du fonds dominant et laisse passer les autres librement, ainsi que toutes les personnes de leur maison, il doit être présumé s'attaquer à la personne du copropriétaire, mais non pas vouloir s'opposer à l'exercice de la servitude, et le libre passage des autres copropriétaires suffit pour conserver à la possession le caractère de possession paisible.

Mais nous donnerions une solution différente s'il s'agissait de la violence exercée contre l'un seulement des copropriétaires du fonds servant ou de la résistance de ce dernier; c'est-à-dire que nous entendons que le vice de la possession, ainsi acquis à l'avantage d'un des copropriétaires du fonds, devra profiter au fonds et à tous les copropriétaires de ce fonds, parce que la servitude est indivisible à tous les points de vue et que chaque copropriétaire a mandat de conserver intacts les droits de la propriété.

§

3° La possession doit être publique. On comprend, en effet, que la prétention du propriétaire du fonds dominant, l'empiétement commis par lui ne peut être reconnu par la loi comme un précédent capable de créer quelque déchéance contre le propriétaire du fonds servant que si ce fait est connu de lui. Pourtant la loi ne va pas jusqu'à exiger qu'il soit prouvé qu'il l'a connu, mais elle veut seulement qu'il ait pu le connaître. Telle est le caractère de la condition de la publicité de la possession.

Certaines servitudes sont, à raison même de leur nature, clandestines. Toutes les servitudes non apparentes en sont là ; la possession de ces servitudes ne pourrait être publique.

Mais les servitudes mêmes qui s'accusent par des ouvrages extérieurs, les servitudes apparentes, peuvent être clandestinement possédées. Ainsi, les jours dits de souffrance établis à la distance légale ne constituent pas des servitudes ; cependant du moment où une infraction quelconque est commise aux prescriptions du Code, du moment où, par exemple, un châssis mobile remplace le verre dormant, théoriquement le jour se transforme en servitude du fait de l'homme, car il constitue une exception aux règles du voisinage des propriétés et grève ainsi un des fonds au préjudice de l'autre.

Pourtant il a été maintes fois jugé que ce changement dans l'état régulier des choses n'ayant pas été forcément connu du propriétaire voisin, la possession n'en avait pas été publique.

§

4° La possession doit être non équivoque et à titre de propriétaire.

Nous réunissons ces deux conditions parce que le Code ne s'exprime pas sur la portée de chacune d'elles et que les interprétations qu'on peut donner à ses expressions sont tellement diverses, surtout quand elles s'appliquent aux servitudes, qu'il est difficile d'expliquer nettement, en les prenant en elles-mêmes et séparément, les conditions positives qu'elles exigent de la possession,

Lorsqu'en matière de possession des fonds eux mêmes, on explique la disposition de l'article 2229, qui demande à la possession de ne pas être équivoque et d'être exercée à titre de propriétaire, on ne sait trop dans quel sens entendre la première condition. Sur la seconde condition, on admet généralement que le Code a voulu dire que la possession pour être civile devait avoir sa cause dans un titre qui ne fût pas exclusif de l'intention chez le possesseur de se conduire comme propriétaire. Ainsi, un fermier, un locataire ne possèdent pas. et l'on dit que leur possession est vicieuse parce qu'elle est *précaire*.

Le mot précaire vient du latin *precarium*.

Mais il est. dans le sens que nous venons'd'indiquer, déterminé de sa véritable signification.

Dans le droit romain, le mot *precarium* était un substantif désignant un contrat d'une nature particulière : la concession d'un droit ou d'une chose résoluble *ad nutum* constituait le contrat de précaire. Notre langue juridique en a fait un adjectif et en a faussé le sens en s'en servant pour qualifier un état de droit tout différent du *precarium* romain.

En matière de servitudes, c'est en employant l'adjectif *précaire* dans le sens romain que nous disons que la possession d'une servitude pour être utile ne doit pas être précaire.

C'est d'ailleurs ce qu'exprime dans un autre langage l'ar-

ticle 2232, quand il dispose que les actes de simple tolérance
ne peuvent fonder de possession.

Toutes les servitudes, nous l'avons dit déjà, quelle que soit
leur nature, ont par elles-mêmes le caractère d'une concession.
C'est ainsi que, bien que nous les ayons déclarées perpétuelles
comme la propriété, nous verrons qu'elles se perdent par le
non usage. Cependant certaines servitudes à raison du caractère de stabilité qu'elles présentent ont été admises aux
avantages de la possession ; et la loi n'a refusé, nous le
verrons, ces avantages qu'à la possession des servitudes qui
exigent le fait de l'homme pour être exercées. Elle a estimé
que chacun des faits d'exercice de ces servitudes ne pouvait
pas être présumé tenir d'une concession définitive sa raison
d'être, mais que chacun de ces faits pouvait s'expliquer par
tolérance spéciale et sans cesse renouvelée du propriétaire du
fonds prétendu servant. Ce vice de clandestinité disparaît et
la possession reprend ses droits si la servitude existe en vertu
d'un titre.

Si le vice de précarité et le soupçon de tolérance est inhérent à la possession de certaines servitudes et les exclut de la
possession civile, ce vice peut s'appliquer à la possession de
toutes les servitudes, voire même des servitudes dont l'exercice n'est pas de plein droit soupçonné. Seulement, pour ces
dernières servitudes le vice de clandestinité de la possession
doit résulter de circonstances étrangères aux faits mêmes de
possession et, par exemple, du titre même constitutif de la ser-
tude. En l'absence du titre, il a même été jugé qu'une servitude qui constituait la faculté pour un propriétaire d'appuyer
sa barrière sur l'arbre du voisin n'était par elle-même qu'une
concession temporaire et révocable, dont la possession ne pouvait autoriser une action possessoire.

La précarité, avons-nous dit, peut résulter du titre même

de la servitude et peut résulter aussi d'une reconnaissance postérieure. La possession qui aurait duré trente ans, en vertu d'un tel titre, n'aurait pas cessé d'être précaire et l'on ne doit pas s'arrêter à cette idée que le droit que le propriétaire du fonds servant s'est réservé de faire, à sa volonté, cesser la servitude est prescrit par le non usage de trente ans Il ne faut pas non plus s'arrêter à l'article 2220 du Code civil, qui porte qu'on peut d'avance renoncer à la prescription. Il ne s'agit pas là, en effet, du fonds dominant. Lorsque le propriétaire du fonds servant consent à grever son immeuble de la servitude, les parties sont libres de donner à l'établissement de cette ser- tude le caractère d'une concession révocable et la convention fait la loi des parties. D'ailleurs, verrait-on là une atteinte portée à la règle de l'article 2220, il ne faudrait pas s'y arrêter encore, car l'on est généralement embarrassé d'appliquer cet article à la prescription acquisitive.

Si nous supposons que le titre qui porte reconnaissance de la précarité de la servitude est invoqué contre un successeur à titre particulier de celui dont émane la reconnaissance, on doit admettre que si ce successeur à titre particulier a possédé lui-même pendant trente ans, la précarité résultant du titre ne lui est pas opposable.

Nous dirons que la possession de la servitude doit être exer- cée à un titre non équivoque et à titre de propriétaire; mais nous n'entendons pas cette proposition en ce sens que la ser- vitude doit être exercée par le propriétaire. Nous savons, au contraire, que quiconque exerce la servitude, l'acquiert ou la conserve au fonds dominant, mais en ce sens qu'elle doit être exercée au nom de la propriété et pour le compte exclusif du propriétaire du fonds dominant, lequel ne devra avoir en au- cune manière la disposition physique du fonds servant.

Ainsi, le propriétaire du fonds dominant est fermier du

fonds servant : intéressé à favoriser sa propriété, il fait au travers du fonds dont il est fermier passer une eau qui est utile au fonds dont il est propriétaire,

La possession d'une telle servitude sera-t-elle utile? Certainement non. Sa qualité de fermier crée dans sa possession une équivoque et, bien qu'il agisse dans l'intérêt du fonds dominant, il n'est pas autorisé à dire que c'est au seul titre de propriétaire de ce fonds qu'il a exercé la faculté de faire passer l'eau sur le fonds servant dont il a la disposition.

Telles sont appliquées aux servitudes les conditions que la possession doit remplir pour produires ses effets ordinaires.

DES EFFETS DE LA POSSESSION DES SERVITUDES

Quels sont les effets ordinaires de la possession?

Tous les effets de la possession, avons-nous dit déjà, reposent sur une seule idée : la possession fait présumer le droit. La force de la présomption qu'elle engendre augmente avec la durée de la possession, et l'importance de ses effets suit la même gradation.

Ainsi, d'abord la possession fait présumer la propriété jusqu'à preuve du contraire et sous la condition d'annalité, elle donne droit aux actions possessoires; ces actions assurent provisoirement, en cas de différend, le maintien de l'état de choses conforme à la possession.

Puis la possession prolongée arrive à donner à la présomption tant de force qu'au bout d'un temps fixé par la loi la présomption peut remplacer le titre et qu'aucune preuve contraire n'est recevable. Ce dernier effet de la possession s'appelle la prescription,

Mais, pour produire ces effets, la possession doit réunir toutes les conditions qui ont été énumérées. Or nous l'avons signalé en passant, certaines servitudes par leur nature même ne sont pas susceptibles d'une possession utile. En sont seules et par elles-mêmes susceptibles les servitudes continues et apparentes. En effet, une servitude non apparente ne peut être possédée publiquement et nous avons dit pourquoi la possession d'une servitude discontinue était toujours pour elle-même considérée comme précaire.

Ainsi les servitudes continues et apparentes sont les seules servitudes dont la possession puisse conduire aux actions possessoires et à la prescription.

· La division des servitudes faite par le Code dans les articles 688 et 689 a ici sa plus saisissante application, car elle nous permet, sans avoir à rechercher toutes les espèces de servitudes, de décider par leurs caractères les plus généraux quelles servitudes peuvent être utilement possédées.

Nous venons de dire quelles étaient les servitudes dont la possession pouvait produire ses effets. Il en est ainsi du moins quand le possesseur ne possède qu'à ce titre.

Mais pour juger pleinement des effets de la possession des servitudes, nous aurons trois situations à envisager.

La possession d'une servitude peut, en effet, avoir trois causes :

1° La possession de la servitude peut avoir pour cause un droit acquis dont cette possession n'est que la mise en œuvre;

2° Cette possession peut en outre reposer sur la croyance à un droit acquis, croyance fondée sur un titre entaché d'un vice quelconque;

3° Elle peut en troisième lieu ne reposer que sur la volonté de l'acquéreur.

Nous laisserons de côté pour le moment le cas où la pos-

session de la servitude n'est que l'exercice d'un droit acquis.
Disons seulement, pour bien limiter le terrain que nous réservons à notre étude présente, que nous entendons par droit acquis un titre dont la validité ne peut être contestée ou serait contestée sans succès, et nous allons étudier, sous le titre de servitudes non acquises, toutes les servitudes possédées sans titre ou avec un titre sujet a contestation. Car, au point de vue de la légitimité de la possession et comme résultat définitif, avoir un titre contestable ou pas de titre c'est au fond même chose.

I. — DE LA POSSESSION DES SERVITUDES NON ACQUISES.

Nous avons signalé déjà les deux effets ordinaires produit par la possession, le droit aux actions possessoires et l'acquisition de la servitude.

Nous venons de les nommer dans leur ordre logique, et, suivant le progrès naturel de la présomption de légitimité sur laquelle reposent tous les effets de la possession, nous devrions, avant de parler de l'acquisition du droit par la possession, traiter des actions possessoires. Toutefois, suivant en cela le Code, nous allons, sous le chapitre de l'Acquisition des servitudes par la prescription, voir sur quelle servitudes et à quelles conditions la possession peut produire effet.

De l'acquisition des servitudes par la prescription.

La possession d'une servitude peut, avons-nous dit, reposer sur un titre vicieux où sur la seule intention d'acquérir, c'est-à-dire sur une usurpation.

Nous parlons de la volonté d'acquérir, de l'intention

d'usurper et des effets qu'elles peuvent produire ; nous ne faisons en cela que reproduire les expressions du Code dans son article 690. Cependant cette cause d'acquisition n'a jamois été consacrée par la loi, et ce serait fausser l'esprit du système de notre Code que de présenter la prescription acquisitive comme l'usurpation organisée. C'est, au contraire, sur la présomption d'une convention que la prescription repose et si elle figure parmi les modes d'acquérir, c'est qu'effectivement elle couvre le plus souvent une véritable acquisition. Mais c'est contre l'usurpation par la possession que les règles de la possession sont écrites et elles tendent toutes à exclure de la prescription tous les droits dont la possession, par sa nature même, ne fait pas présumer la légitime acquisition, et nous la verrons particulièrement exigeante à l'égard des servitudes, parce qu'en celte matière l'usurpation est naturellement à craindre bien plus qu'en matière de propriété. Il est même vrai de dire, comme nous le signalions en commençant, que l'usurpation en ces rapports de contiguïté qu'on appelle servitudes a dû précéder le droit.

Mais c'était tout ce que la loi pouvait et devait faire que de se montrer exigeante, que de protéger chacun contre les empiétements des voisins ; elle devait faire la part des faits. C'est ainsi qu'en présence de l'intention persévérante de l'un des voisins elle dût conclure, de la patience ininterrompue de l'autre, à un consentement tacite de sa part.

§

Premièrement. — Lorsque la possession repose sur la seule volonté d'acquérir nous avons dit déjà que seules les servitudes continues et apparentes pouvaient être acquises par la possession de long temps.

La règle est formelle et résulte de l'article 690 : « *Les*

« *servitudes continues et apparentes s'acquièrent par titre ou*
« *par la possession de trente ans;* « et de l'article 691 : —
« *Les servitudes continues non apparentes et les servitudes*
« *discontinues apparentes ou non apparentes ne peuvent*
« *s'établir que par titre.* »

Nous supposons bien entendu, remplies toutes les conditions de la possession dont chaque servitude est susceptible.

Mais seules les servitudes continues et apparentes comportent les qualités essentielles de la possession utile, et seules
elles sont susceptibles d'être acquises par la possession. Nous
l'avons déjà démontré.

§

Il nous reste à dire à quelles conditions ces servitudes peuvent être acquises par la possession. Quant aux qualités de la
possession, nous les connaissons et nous les supposons remplies.

1° L'immeuble servant doit être aliénable : un immeuble
dotal ne saurait être grevé d'une servitude par la possession.

2° L'article 690 fixe à trente ans le temps requis pour
prescrire les servitudes continues et apparentes, mais le délai
devra être augmenté par toutes les causes de suspension de la
prescription énumérées dans l'article 2251 du Code civil.

L'article 710 prescrit le cas où la prescription libératoire
est suspendue par la minorité de l'un ou de plusieurs copropriétaires indivis du fonds dominant et décide que la suspension aura lieu vis-à-vis de tous les copropriétaires. La même
règle doit s'appliquer au cas de prescription acquisitive.

De la règle de l'article 710, rapprochée de la disposition de
l'article 833 du Code civil, naît une grosse controverse pour

l'examen de laquelle nous renvoyons au chapitre de la prescription libératoire.

Le délai de trente ans pour prescrire court, ainsi que la possession utile à cet effet, du jour où les ouvrages apparents constitutifs de la servitude ont été terminés. La règle est écrite dans l'article 642 : cet article dispose que dans le cas où le propriétaire du fonds inférieur veut acquérir par prescription des droits à l'écoulement sur son fonds des eaux naturelles du fonds supérieur, la prescription court, à son profit, « *du jour où il a fait et terminé des ouvrages apparents des-* « *tinés à faciliter la chute et le cours de l'eau dans sa pro-* « *priété.* » L'article ne s'en exprime pas nettement, mais on doit décider que les travaux pour faire courir cette prescription devront avoir été exécutés sur le fonds supérieur. Les expressions de l'article « *ouvrages apparents* », le caractère de publicité auquel la possession du propriétaire inférieur doit satisfaire, motivent notre décision. Pour que la prescription de la servitude dont il s'agit puisse courir contre le propriétaire du fonds supérieur, il faut au moins qu'un tort lui ait été causé, qu'une action physique quelconque ait été exercée sur son fonds, lui révélant, autrement que par des travaux qu'il pourrait apercevoir sur le fonds voisin, sans soupçonner leur nature, l'intention du propriétaire inférieur.

Contrairement à cette solution spéciale à l'hypothèse prévue dans l'article 642, il suffit, la plupart du temps, que les travaux soient exécutés sur le fonds dominant, si toutefois, remarquons-le bien, l'action physique que nous avons reconnue indispensable s'exerce en vertu de cet état de choses sur le fonds servant. C'est ainsi que nous déciderons, dans le cas où le propriétaire du fonds inférieur voudrait s'affranchir de l'obligation de recevoir les eaux naturelles du fonds supérieur, qu'il lui suffira d'exécuter sur son fonds les ouvrages nécessaires pour faire refluer les eaux sur le fonds supérieur ; le délai de la prescription courra alors non pas du jour de l'exécution des travaux, mais du jour seulement où le reflux se sera produit pour la première fois.

Bien mieux les ouvrages constitutifs de la servitude de vue ne peuvent être établis que sur le fonds dominant.

Nous avons dit que les servitudes continues non apparentes et les servitudes discontinues apparentes ou non apparentes ne pouvaient s'établir par la possession.

§

Deuxièmement. — Supposons maintenant que la possession repose sur un titre vicieux.

D'abord, en ce qui concerne les servitudes continues et apparentes, l'art. 690 nous dit que ces servitudes s'acquièrent par la possession de trente ans, mais le juste titre et la bonne foi ne doivent-ils pas permettre l'application à ces servitudes de la prescription de l'article 2265 ?

Les auteurs sont très-divisés sur cette question. Les uns se fondent d'abord sur les termes de l'article 690 qui semble, disent-ils, exclure la prescription de dix et de vingt ans, ensuite sur l'article 2264 qui renvoie aux titres spéciaux pour la prescription des droits non mentionnés au titre de la prescription. Ils disent, en outre, que le caractère de concession, qui affecte toujours la possession des servitudes, doit expliquer comment le législateur n'a pas cru devoir permettre l'acquisition des servitudes par dix et vingt ans, faveur que la stabilité et la publicité de la propriété expliquent au sujet de ce droit. Les autres pensent, au contraire, qu'on doit admettre la prescription de dix et vingt ans pour les servitudes continues et apparentes et nous nous rangeons à cet avis.

La rédaction de l'article 690 s'explique par la préoccupation qu'avaient les rédacteurs du Code, de trancher avec la doctrine des coutumes de Paris et d'Orléans, qui repoussaient la prescription de toutes servitudes sans titre. « *Pas de servitude sans titre, disait la maxime coutumière.* » Or, d'autre part, les coutumes de Paris et d'Orléans acceptaient la prescription de dix et vingt ans avec juste titre et bonne foi. Quant à la disposition de l'article 2264, on doit la réduire à ceci : c'est que les dispositions du titre de la prescription ne s'appliqueront pas, chaque fois qu'au titre particulier le Code se sera franchement expliqué. Enfin, les servitudes continues et apparentes ayant été admises par le Code, au même titre que la propriété, au bénéfice de la prescription de trente ans, en l'absence de titre, il n'y a pas lieu d'invoquer contre elles le caractère de concession qu'elles entraînent, nous le reconnaissons, pour les distinguer de la propriété, en leur refusant le bénéfice de l'article 2265.

Pour les autres servitudes, continues non apparentes, discontinues apparentes ou non apparentes, la croyance du possesseur en un titre vicieux doit-elle purger sa possession des vices de précarité et de clandestinité qui excluent pour elle-même leur possession des avantages de la prescription?

En ce qui concerne les servitudes discontinues apparentes, comme une servitude de passage qui se traduit par une porte ou une allée, on serait tenté de l'admettre en raisonnant d'après les simples données du bon sens, surtout lorsque la bonne foi du possesseur repose sur un titre qui lui eût acquis la servitude, s'il eût émané du véritable propriétaire du fonds servant. Mais en présence des termes formels de l'article 691 :

« *Les servitudes continues non apparentes et les servitudes*
« *discontinues apparentes ou non apparentes ne peuvent s'é-*
« *tablir que par titre* » l'opinion n'est plus libre. Acquérir par
titre, c'est trouver dans le titre que l'on a la cause suffisante
de son droit ; et quand le titre, à raison d'un vice qui cor-
rompt son effet, ne peut plus servir qu'à ajouter à la possession
ce qui lui manque pour faire présumer chez le possesseur
l'intention de se gérer comme propriétaire et l'aider au bout
du temps voulu à bénéficier de sa longue possession, il ne peut
plus être question d'acquisition par titre et la seule cause
d'acquisition est la possession. Or, l'article 691 est formel.

Il faut voir, nous l'avons dit déjà, la raison de la disposition rigoureuse qu'il contient, à l'égard des servitudes discontinues et apparentes, dans ce double motif que, bien qu'ap-
puyée d'un juste titre, la possession de ces servitudes n'est
pas un fait assez public pour que le véritable propriétaire du
fonds servant doive être présumé l'avoir nécessairement connu,
et que, l'eût-il connu, il ne s'en serait pas ému, voyant dans
sa tolérance un acte de bon voisinage. S'il en est ainsi des
servitudes discontinues apparentes, à bien plus forte raison
devons-nous dire que les servitudes non apparentes, continues ou discontinues, quoique possédées avec juste titre et
bonne foi, ne pourront être acquises par l'effet de la possession.

Quel effet devra-t-on reconnaître à la contradiction formée
contre le droit du propriétaire du fonds prétendu servant ?
Quelle est la nature de cet acte ? La contradiction indique
l'intention du possesseur, qui, ainsi exprimée, ne peut laisser
de doute au propriétaire du prétendu fonds assujetti. Si d'un
côté la contradiction est moins favorable que le juste titre,
en ce qu'elle est exclusive de la bonne foi du possesseur, elle
est plus favorable en ce sens que le silence du propriétaire du

fonds servant a presque la valeur d'un consentement. On
s'accorde généralement à reconnaître à la contradiction la
même valeur et la même portée qu'à la bonne foi, fondée
sur le juste titre.

§

L'article 691, après avoir déclaré que toutes les servitudes,
dont nous venons de parler, ne pouvaient être acquises que
par titre, ajoute que la possession immémoriale ne suffit pas
pour les établir : « *Les servitudes continues non apparentes et*
« *les servitudes discontinues apparentes ou non apparentes*
« *ne peuvent s'établir que par titres. La possession, même*
« *immémoriale, ne suffit pas pour les établir, sans cependant*
« *qu'on puisse attaquer aujourd'hui les servitudes de cette na-*
« *ture déjà acquises par la possession, dans les pays où elles*
« *pouvaient s'acquérir de cette manière.* »

Le Code fait ici à l'acquisition par la possession immémoriale l'application du principe de non rétroactivité des lois de
l'article 2 du Code civil. L'article 691 suppose l'acquisition par
la prescription réalisée au moment où il a force exécutoire
(10 février 1804) ; de telle sorte que l'on doit dire que la possession à laquelle il aurait manqué un jour, le 10 février 1804,
pour composer les cent ans qui formaient la possession immémoriale, aurait été nulle pour tout le temps passé. Le principe de la non rétroactivité des lois ne respecte en effet que
les droits acquis.

La disposition transitoire de la fin de l'article 691 arrive
aujourd'hui à n'avoir plus d'application. On concevrait diffi-
cilement en effet qu'une possession de cent ans, qui devait
être acquise il y a soixante-treize ans, pût être établie aujour-
d'hui. La preuve testimoniale du moins devrait être écartée et
ce ne serait que par des titres et des ouvrages anciens qu'on

pourrait constituer cette preuve ; car la preuve par témoins de la possession immémoriale n'était pas exclusivement admise.

§

Nous avons décidé tout à l'heure que les servitudes discontinues et apparentes n'étaient pas susceptibles d'être acquises par possession, mais nous devons observer que bien souvent on éprouvera une extrême difficulté à décider si les faits d'exercice invoqués présument une simple prétention à un droit de servitude ou une prétention à un droit de copropriété. Ainsi Primus passe depuis plus de trente ans sur un chemin qui borde la propriété de Secundus ; il exerce ce passage sous tous les modes qu'il comporte. Secundus veut s'opposer au passage et Primus allègue, non pas qu'il a prescrit la servitude, cela lui était impossible, mais bien qu'il a prescrit la propriété. Le juge sera d'autant plus embarrassé qu'il y a là une question de preuve des plus sérieuses engagée. En effet, la preuve des faits de possession s'établit par le témoignage, tandis que, nous l'avons vu, la servitude discontinue et apparente ne peut s'établir que par titre. Le juge pourra se trouver dans cette alternative doublement dangereuse : ou de rejeter la preuve testimoniale, bien qu'il s'agisse en fait de propriété, ou de l'admettre, pour juger ensuite qu'il ne s'agissait que d'une servitude.

De l'acquisition des actions possessoires.

« *Comme ce n'est, dit Merlin* (Répertoire de jurispr., « *v°* Possession), *que par la possession qu'on a les objets dans* « *sa jouissance, qu'on en use et qu'on en jouit, on emploie*

9

« *fréquemment le mot* possession *pour signifier la propriété,*
« *et cependant ces choses sont fort différentes, puisqu'on*
« *peut avoir l'une sans l'autre.* » C'est parce qu'on peut avoir
l'une sans l'autre, la possession sans la propriété, que la possession a été reconnue par la loi comme un état de droit,
ayant ses règles propres et protégée par des actions particulières. Nous avons examiné jusqu'ici les effets de la possession des servitudes quant à l'acquisition du droit; l'étude des
actions possessoires des servitudes va nous montrer l'effet de
la possession sur la possession même.

Nous connaissons les conditions de la possession légale;
ces conditions sont la cause même et la raison de son efficacité et de sa valeur juridique. Sans ces conditions, elle n'est
rien qu'un fait accidentel, sans signification et sans portée;
pourvue de ces conditions, elle est au contraire, aux yeux de
la loi, un fait légal considérable, reconnu et protégé par elle.

Que la possession soit étudiée au point de vue particulier
de la prescription ou qu'elle soit prise en elle-même, en vue
des effets immédiats qui lui sont propres et qui trouvent
leur garantie dans les actions possessoires, elle est toujours
la possession telle qu'elle est définie par les art. 2228 et
suivants du Code civil, et ce que nous en avons dit au regard
de la prescription reste vrai pour ce que nous avons à en dire
au regard des actions possessoires.

Le juge du possessoire est le juge de paix de la situation
de la servitude litigieuse. Les actions possessoires ont pour
but et pour effet de faire recouvrer au possesseur les avantages de la possession.

Notre législation admet trois actions possessoires :

1º La complainte, qui est exercée quand le possesseur est
simplement troublé dans sa possession et qu'il demande à y
être maintenu;

2° La réintégrande, qui est exercée par un possesseur qui a perdu la possession et qui demande à la recouvrer;

3° Enfin la dénonciation de nouvel œuvre est intentée par le possesseur d'une servitude dont l'exercice est entravé par des travaux exécutés sur le fonds servant.

Ces actions sont accordées à ceux qui depuis une année au moins ont possédé la servitude. L'article 23 C. pr. c. dit que la possession doit avoir été paisible et à titre non précaire, mais elle doit réunir sans aucun doute les autres conditions énumérées dans l'article 2229.

Si le trouble ou la dépossession remontait à plus d'une année, l'action serait perdue.

§

Examinons dans quelle mesure les servitudes comportent l'acquisition, par la possession, des actions possessoires.

Rappelons que nous supposons toujours les servitudes non acquises, c'est-à-dire que nous supposons qu'il s'agit de servitudes non fondées en titre, et comme l'appréciation du titre échappe au juge du possessoire, nous devons entendre ici par servitudes non acquises toutes celles dont le titre, bien qu'existant, n'est pas reconnu devant le juge.

Nous maintiendrons la division précédemment adoptée et nous examinerons d'abord quelles servitudes donnent lieu aux actions possessoires lorsqu'elles sont possédées dans la seule intention chez le possesseur d'acquérir la servitude. Nous verrons ensuite quel effet peut produire un titre, même vicieux et contesté, sur la nature de la possession des servitudes dont la seule possession ne donne pas droit aux actions possessoires.

1° L'action possessoire ne profite pas à la possession de tous les genres de servitudes, pas plus que la prescription. Ce que nous avons dit des différentes sortes de servitudes au point de vue de la prescription s'applique au point de vue de l'action possessoire et pour le même motif.

Nous ne saurions trop le redire, la loi ne connaît que deux sortes de possession : celle qu'elle admet et celle qu'elle répudie; celle à laquelle elle attribue des effets légaux et celle à laquelle elle les refuse.

La possession qui produit dans un temps donné la prescription n'est pas d'autre nature que celle qui produit l'action possessoire. C'est la même possession soumise aux mêmes conditions et aux mêmes règles, procédant des mêmes principes d'utilité sociale et des mêmes présomptions. Là ou ces présomptions ne trouvent pas à s'exercer au point de vue de la prescription, elles ne s'exercent pas davantage au point de vue de la possession annale.

La raison de décider est la même et trouve ici une nouvelle application. D'ailleurs la prescription acquisitive n'est à proprement parler que la somme des possessions annales accumulées. La possession des servitudes continues et apparentes est donc seule protégée au possessoire.

Prenons une servitude de vue. Elle s'est exercée pendant plus d'une année d'une façon continue sans interruption, paisiblement et publiquement. Si la possession de cette servitude durait 30 ans, dans ces conditions elle serait acquise par prescription ; mais supposons qu'entre les deux termes d'un an et de trente ans elle soit l'objet d'une atteinte matérielle : nous ne parlons pas bien entendu d'une simple contestation judiciaire, m d'un fait matériel qui vient détruire en totalité ou en partie cet autre fait de la possession. Cette atteinte matérielle ne donnerait pas droit aux actions pétitions de la servitude, puisque nous supposons une servitude non acquise. Toutefois le possesseur n'est pas tout à fait désarmé, grâce aux actions possessoires. Grâce à elles il obtiendra le maintien provisoire ou le rétablissement de l'état conforme à sa possession. Une fois remis en possession, il ne pourra plus être troublé qu'à la suite de la décision rendue sur le pétitoire dans les termes de droit.

2° Supposons maintenant qu'à l'appui de sa possesion annale le possesseur d'une servitude discontinue apparente ou non apparente, et continue non apparente invoque, au possessoire un titre dont la validité est contestée. La question de savoir si la possession de ces servitudes peut dans ce cas être protégée par l'action possessoire a été longuement débattue. Le seul argument sérieux qui ait été donné à l'appui de la négative tient à cette règle fondamentale de la compétence du juge de paix en matière d'actions possessoires, posée par l'article 25 du Code de procédure civile : « *Le possessoire et le* « *pétitoire ne seront jamais cumulés.* »

On a voulu, par application de cet article, interdire absolument au juge de paix l'examen du titre.

Ce que le juge de paix ne peut faire c'est se prononcer sur la validité du titre ; mais comme il n'a pas seulement la possession de fait à constater, qu'il doit encore examiner si la possession est utile, et si entre autres vices elle n'est pas précaire, il doit pouvoir se livrer à l'examen du titre ; c'est un élément qui pourra l'aider à dissiper le soupçon de précarité dont la possession de la servitude est naturellement entachée.

Un arrêt de la Cour de cassation du 8 mai 1838. — affaire Clément, D. P., I, p. 408 — résume ainsi comment il entend que le juge de paix se livre à l'examen du titre: « il « lui suffit de reconnaître la régularité du titre, d'en appré-

« cier la portée, de le prendre, s'il y a lieu, pour point de dé-
« part, afin de déterminer le véritable caractère de la posses-
« sion, tous les droits des parties étant réservés au pétitoire. »

Disons toutefois que le juge de paix ne doit pas s'arrêter à
un titre dont l'écriture serait déniée, qui serait vicieux dans
la forme, qui n'émanerait pas du propriétaire à qui il est
opposé. En un mot, il faut que l'existence de ce titre et sa
valeur apparente puissent faire tomber la présomption de précarité dont la possession de cette servitude est entachée.

Nous avons dit tout à l'heure que l'on exigeait de la possession annale des servitudes au possessoire les mêmes conditions
qu'au pétitoire et pour l'application de la prescription tren-
tenaire.

Nous voyons cependant que le titre, émané *a domino*, produit au possessoire, peut corriger pour certaines servitudes les
vices que leur nature propre inflige à la possession.

La raison de cette différence se trouve dans cette considéra-
tion générale qu'on court moins de danger à maintenir provisoirement une possession qu'à consacrer, d'après les seules
données de cette possession, l'acquisition d'un droit.

§

Jusqu'ici nous ne nous sommes occupés que de l'action
possessoire exercée par le propriétaire du fonds dominant, de
ce que les anciens auteurs appelaient l'action confessoire
possessoire.

Cette action peut être exercée en sens inverse par le propriétaire du fonds prétendu servant qui se défend au possessoire
contre l'atteinte portée à sa propriété par une servitude que
l'on prétend exercer ou aggraver. C'est ce que les auteurs

appellent l'action négatoire. Elle est naturellement applicable à tous les genres de servitude.

§

Nous devons mentionner ici qu'à raison de l'indivisibilité tant active que passive du droit de servitude, les actions possessoires peuvent être exercées soit par un seul des copropriétaires de l'héritage prétendu servant, et que de même un seul d'entre ces derniers aurait qualité pour intenter l'action négatoire.

§

Il se peut que le propriétaire du fonds, prétendu assujetti, ait intenté l'action possessoire négatoire et qu'il ait succombé dans son action; s'il vient ensuite à intenter l'action pétitoire et qu'il demande à être déchargé de la servitude, à qui incombera la charge de la preuve ? Est-ce à lui, demandeur, qui prétend détruire le fait existant? Est-ce au défendeur, que le juge du possessoire a maintenu dans sa jouissance?

Malgré les imposantes autorités invoquées de part et d'autre, nous n'hésitons pas à penser que la charge de la preuve incombe à celui qui prétend maintenir sur le fonds du voisin une servitude active. Que résulte-t-il en effet, au profit du défendeur actuel de la décision rendue à son profit au possessoire? C'est que la possession annale lui a été reconnue; rien de plus, or il ne s'agit plus de la possession maintenant, mais de la propriété elle-même, et, pour acquérir la propriété par la possession, il ne suffit pas de la possession annale, mais d'une possession de trente ans. Nous entendons bien que le propriétaire du fonds servant est demandeur et qu'il veut contraindre son adversaire à changer une situation que le juge du posses-

soire a maintenue. Mais comment veut-on exiger de lui la
preuve d'un fait négatif? On arrive par là à donner à la simple
possession d'un an l'effet que la loi n'attribue qu'à une possession de trente années. N'est-il pas plus équitable et plus
conforme aux principes de déclarer que le propriétaire du fonds
servant, qui prétend affranchir sa propriété d'une charge que
rien ne justifie, trouve la confirmation de son droit dans un
principe général qui veut que, sauf preuve contraire, la propriété soit libre de servitude? C'est donc à celui qui prétend
imposer à la propriété d'autrui une charge quelconque, de
justifier son droit à la servitude et de le justifier ou par un
titre ou par prescription.

Cette [solution ne tend pas, comme le disent certains
auteurs, à réduire à néant le bénéfice de l'action possessoire,
mais à la renfermer dans de justes limites. Assurer la
possession par le possessoire jusqu'au jour où le droit de
propriété, lequel, une fois constaté, doit attirer à lui la possession, sera définitivement établi, c'est donnner au possessoire
tout ce qu'il comporte; lui attribuer une influence décisive
sur la propriété elle-même, c'est aller au delà de ce que
veulent la loi et l'équité.

DE LA POSSESSION DES SERVITUDES ACQUISES.

Quand nous avons supposé les servitudes non acquises et
lorsque nous avons recherché quels effets pouvait produire
la possession de ces servitudes, nous avons vu qu'à raison de
leur nature et des caractères de précarité ou de clandestinité
que présentait leur possession, la loi excluait certaines classes
entières de servitudes des avantages de la possession.

Quels sont les effets de la possession des servitudes, lorsque celle-ci n'est que l'exercice, la mise en œuvre d'un droit acquis? C'est ce qui nous reste à examiner. Ces effets ne peuvent concerner que la conservation du droit, mais encore est-il important de savoir dans quelle mesure et à quelles conditions.

Nous avons ici encore à considérer les effets de la possession à deux points de vue : 1° au point de vue de la possession et des actions possessoires; 2° au point de vue du droit lui-même.

Par servitudes acquises, nous entendons celles dont le titre est certain et n'est pas d'ailleurs contesté en cas de procès, et nous avons rattaché à l'étude des effets de la possession des servitudes non acquises la question de savoir si un titre vicieux, au pétitoire, ou même seulement contesté sérieusement au possessoire, pouvait, suivant le cas, permettre application de la prescription acquisitive ou autoriser le maintien au possessoire des servitudes qui, sans titre, ne sont pas susceptibles d'une possession utile.

Dans notre nouvel ordre d'idées, il n'y a plus de différence à faire entre les diverses natures de servitudes : toutes retirent de la possession le même bénéfice. D'ailleurs les principes déjà posés nous permettent de dire qu'une différence à cet égard entre les diverses natures de servitudes serait inexplicable; en effet, toutes les servitudes quelles qu'elles soient, lorsqu'elles sont exercées en vertu d'un titre non contesté, comportent une possession de même nature et à l'abri de tout reproche de précarité et de clandestinité.

Examinons séparément les effets de la possession des servitudes acquises, à chacun des deux points de vue indiqués.

Des actions possessoires.

1° La possession de toutes les servitudes acquises donne droit aux actions possessoires. Nous supposons, avons-nous dit, le droit à la servitude incontesté et nous disons que toutes les servitudes sont en ce cas susceptibles d'être maintenues ou rétablies au possessoire. Cette proposition résulte *à fortiori* de ce qui a été dit déjà. Nous avons soutenu en effet avec la Cour de cassation que lorsque devant le juge de paix, saisi de la complainte ou de la réintégrande, à l'occasion d'une servitude discontinue, apparente ou non apparente, le demandeur invoquait un titre émané du propriétaire du fonds servant et que ce titre avait toutes les apparences d'un titre régulier, quand bien même il serait l'objet de contestation de la part du défendeur, le juge pourrait ordonner le rétablissement ou le maintien de l'état de choses conforme à la possession. C'est qu'en effet, si le juge du possessoire ne peut connaître du fond ni juger la validité du titre, il a la pleine appréciation de la qualité de la possession alléguée. Or, en présence du titre émané *a domino* et d'apparence régulière, les vices de précarité et de clandestinité, dont la possession des servitudes dont il s'agit est toujours soupçonnée, sont exclus, avons nous dit, et si d'ailleurs la possession réunit toutes les autres qualités requises, le juge devra donner gain de cause au demandeur.

S'il en est ainsi dans cette dernière hypothèse, la question ne peut faire doute lorsque le titre n'est pas soumis à la moindre contestation.

Le juge n'a plus ici à se préoccuper de certains vices de la possession que le titre reconnu écarte. La possession ne peut plus

être accusée de précarité ni de clandestinité; le juge n'a qu'à
examiner si la possession est annale et si elle a été continue et
paisible.

Cette proposition est applicable à toutes les servitudes, car
si la possession de certaines servitudes seulement est, à raison
du caractère propre de ces servitudes, naturellement entachée des vices que nous venons de nommer, la possession de
toutes les servitudes est susceptible de ces vices; car il a été
jugé, nous l'avons vu, qu'une servitude continue et apparente
pouvait être précaire et même clandestine. Le titre reconnu
rend impossibles dans tous les cas ces reproches; il supprime
de même toute équivoque.

Il faut, bien entendu, que le titre soit constitutif d'une
servitude définitive et n'établisse pas lui-même la précarité
de la possession.

§

Lorsque nous avons constaté que les servitudes naturelles
et légales n'avaient pas le caractère de véritables servitudes,
nous avons reconnu que ces servitudes, recevant leur titre de
la loi, n'avaient, tant au point de vue de leur acquisition
qu'au point de vue de leur conservation, rien à attendre de la
possession; mais nous avons annoncé que la possession de
ces servitudes aurait sa légitime influence au possessoire.

En effet, bien que ces servitudes, à raison de leur cause
perpétuelle et immuable, soient imprescriptibles, une fois
qu'elles sont établies entre deux fonds, elles vivent, à certains
égards, de la vie des servitudes véritables; elles créent un
rapport de contiguïté entre deux fonds, supposent une dépendance d'un fonds vis-à-vis d'un autre et, comme les servitudes véritables, elles n'existent qu'à condition que les deux
fonds qu'elles mettent en rapport appartiennent à des pro-

priétaires différents. Dès lors, bien qu'ayant leur titre dans
la loi, elles sont soumises aux atteintes du fait de l'homme,
et il était nécessaire que le propriétaire du fond auquel la
servitude profite eût la faculté, en présence d'entreprises
commises contre son droit, de se faire maintenir en possession.

On peut dire d'ailleurs que si, comme nous le verrons,
l'usage de telles servitudes n'est pas nécessaire pour les conserver, c'est qu'elles sont des qualités inhérentes à la propriété et qu'il est du caractère de la propriété d'être perpétuelle et de se conserver indépendamment de tout acte
d'exercice ; or, pour cela, la propriété n'en est pas moins
protégée au possessoire contre les entreprises dont elle peut
être l'objet.

Voyons comment le juge du possessoire peut être saisi d'une
action relative à une servitude naturelle ou légale. Prenons
la servitude d'écoulement des eaux naturelles ; si une servitude de cette espèce n'a pas besoin d'être exercée pour être
conservée, l'entreprise du propriétaire du fonds inférieur, qui
exécute des travaux sur le fonds supérieur pour empêcher le
libre écoulement des eaux, nuit à ce fonds et crée à sa charge,
en le privant d'un avantage inhérent à la propriété, une servitude véritable au profit du fonds inférieur. Un tel empié-
ment, une telle servitude, si elle avait été exercée pendant un
an, c'est-à-dire s'il s'était écoulé un an depuis l'achèvement
des travaux sur le fonds supérieur, donnerait droit au propriétaire du fonds inférieur de se faire maintenir en possession contre la prétention du propriétaire du fonds supérieur.
Celui-ci, pour ne pas perdre le bénéfice de son droit au possessoire, devra, dans l'année du trouble , agir en complainte
et il ne sera reçu à exercer cette action que s'il justifie lui-
même d'une possession annale, continue et paisible.

Nous avons supposé que l'obstacle apporté à l'écoulement naturel des eaux consistait en travaux exécutés sur le fonds supérieur; il en serait de même, nous l'avons dit déjà, des travaux exécutés sur le fonds inférieur, s'il en résultait une action physique sur le fonds supérieur, comme, par exemple, si ces travaux faisaient refluer les eaux sur ce fonds. Seulement le trouble n'existerait que du jour où le propriétaire supérieur, usant de la faculté de laisser couler ces eaux naturelles, subirait l'effet des travaux exécutés sur le fonds inférieur et non pas du jour de l'exécution de ces travaux.

Les servitudes naturelles et légales sont, avons-nous dit, inhérentes à la propriété et rentrent dans la condition de la propriété; mais il n'en faudrait pas conclure, comme on pourrait être tenté de le faire, que le fait de l'homme, contraire à l'exercice de ces servitudes, met le propriétaire, ainsi troublé, dans l'obligation, pour réussir au possessoire, d'établir non pas la possession annale de la servitude, mais seulement la possession annale du fonds, dont la servitude n'est qu'un accessoire, une manière d'être.

Que telle soit la nature de ces servitudes, nous l'avons montré; mais si le droit de propriété comporte l'exercice de ces servitudes, il ne le comporte pas nécessairement et ces servitudes, attributs naturels ou légaux de la propriété, peuvent être modifiées ou diminuées ou même supprimées par le fait de l'homme, sans que la propriété même soit atteinte; dès lors il y aurait une inexactitude évidente à prétendre que ces servitudes ne peuvent pas faire l'objet d'actions possessoires, distinctes des actions qui peuvent intéresser le fonds.

Ainsi supposons que Secundus, propriétaire du fonds inférieur, a exécuté des travaux sur son fonds qui ont fait refluer les eaux sur le fonds supérieur qui appartient à Primus. Le fait de Secundus ne met en question ni la propriété ni la possession de Primus et il semble qu'il ne pourrait pas exercer l'action possessoire du fonds; admettons toutefois qu'il le puisse, il devra prouver qu'il a, pendant une année, possédé le fonds avec la faculté de laisser couler ses eaux sur le fonds inférieur; ne serait-il pas déjà plus court et plus juste de dire qu'il a tout simplement à prouver que pendant une année il a librement exercé sa servitude naturelle? Mais je suppose que dans l'année le cours naturel des eaux se soit déplacé, qu'une contestation naisse à cet égard et que *Primus* ait à prouver que le cours de l'eau s'est déplacé de lui-même : Dira-t-on encore que c'est la preuve de la possession annale de l'immeuble qui est ici à faire par Primus et ne voit-on pas qu'en dehors de la possession de l'immeuble, possession une et fixe, la possession de la servitude, susceptible de changement, est l'objet d'une preuve spéciale?

Si d'ailleurs, comme nous le disions en commençant, on considère la possession de la servitude non pas comme la possession d'un droit sur l'immeuble inférieur, droit attaché à la propriété de l'immeuble supérieur et possédé avec lui, mais comme la possession même de l'immeuble inférieur, ou plutôt d'une portion d'une faculté de cet immeuble, possession dont Primus jouit, il est vrai, à cause de la possession du fonds supérieur et comme d'un avantage attaché à cette possession, on comprend qu'il ne soit pas suffisant pour Primus de faire la preuve de sa possession de l'immeuble supérieur, quand il s'agit, pour lui, de se faire rétablir dans la possession *in parte quâ* d'un autre immeuble.

*Des effets de la possession des servitudes acquises sur le droit
lui-même. — De la perte des servitudes par le non-usage.*

Tout en reconnaisant le caractère de perpétuité des servitudes, nous avons constaté qu'elles n'étaient pas, comme la
propriété dont elles sont l'accessoire, conservées sans être
exercées; cela tient au caractère de concession que toute
servitude, même continue et apparente, comporte nécessairement et en outre à la faveur accordée par la loi à la liberté
des fonds. La loi n'admet en effet les servitudes qu'à raison
de l'utilité des fonds. L'usage de la servitude constate cette
utilité et arrête la présomption de renonciation que le non-
usage fait courir. La possession avec ses caractères essentiels
n'est pas nécessaire à cet effet. Un simple acte d'exercice est
tenu par la loi pour suffisant, à condition toutefois que trente
ans ne se soient pas écoulés depuis le dernier acte d'exercice ;
car le non-usage pendant trente ans fait présumer l'abandon
et l'inutilité de la servitude : la loi la déclare éteinte après ce
temps.

Il n'y a pas ici à distinguer entre les différentes espèces de
servitudes; cela résulte formellement de l'art. 706 ainsi
conçu : « *La servitude est éteinte par le non-usage pendant
trente ans.* » La servitude, c'est-à-dire toute servitude, sans
distinction entre les servitudes continues et apparentes et les
autres servitudes; s'il y avait un doute possible à cet égard,
l'art. 707 le détruirait. D'ailleurs, il ne pourrait en être
autrement et le non-usage a pour toutes les servitudes acquises
la même signification.

§

L'art. 706 nous dit : « La servitude est éteinte par le non-
usage pendant trente ans. »

Le non-usage d'une servitude peut s'entendre d'une servitude dont l'usage est interrompu et d'une servitude dont l'usage n'a jamais eu lieu. La disposition de l'art. 706 s'applique-t-elle aux deux hypothèses? Les expressions, « *la servitude est éteinte* », semblent indiquer que le législateur n'a prévu que la première; on ne dirait pas en effet couramment, d'une servitude qui n'a pas été exercée, qu'elle est éteinte et, en effet, c'est plutôt le droit à la servitude qui serait prescrit alors que la servitude même. Le mot de servitude implique toujours une action d'un fonds sur l'autre. Mais, d'ailleurs, l'art. 707 est décisif à cet égard : il fixe le point de départ du délai de trente ans au jour où on a cessé de jouir. On pourrait cependant raisonner par *a fortiori* de l'art. 706, pour décider que le délai de trente ans éteint la servitude dont l'usage n'a jamais eu lieu; car la présomption d'abandon et d'inutilité est bien plus forte quand le droit n'a pas été exercé du tout que quand son exercice a été interrompu.

Mais comme, à défaut de l'art. 706, la disposition générale de l'art. 2262 a ici son application; on peut se passer de l'art. 706.

§

Rappelons ici que quiconque fait usage de la servitude, pour le compte du fonds dominant, la lui conserve; nous avons rattaché cette proposition au caractère de réalité subjective du droit de servitude.

Rapprochons de cette proposition la disposition de l'art. 707 qui nous révèle un des caractères du droit de servitude issu également de sa réalité active et que nous avons étudié également, l'indivisibilité : « *Si l'héritage, en faveur duquel la* « *servitude est établie, appartient à plusieurs par indivis, la*

« *jouissance de l'un empêche la prescription à l'égard de*
« *tous.* » L'article est formel et c'est avec raison que M. Demolombe, n° 998 et suivants repousse, l'opinion qui déclare l'article 707, inapplicable aux servitudes dont l'émolument est
divisible comme le droit de prendre de la marne. En effet,
l'indivisibilité de la servitude tient, ainsi que nous l'avons dit,
à la réalité subjective du droit. Celui qui exerce la servitude
n'en jouit que *propter rem,* qu'à cause du fonds et pour le
fond ; or, l'avantage du fonds n'est pas divisible, surtout vis-
à-vis des copropriétaires indivis, c'est-à-dire vis-à-vis de
tous ceux qui ont des droits sur tout l'immeuble et sur
sur chacune de ses parties.

Nous trouvons l'application du même principe dans l'art. 710
ainsi conçu : « *Si parmi les copropriétaires, il s'en trouve un*
« *contre lequel la prescription n'ait pu courir, comme un mi-*
« *neur, il aura conservé les droits de tous.* » Seulement, dans
le cas précédent, l'avantage conservé au fonds profitait aux
personnes des copropriétaires, ici l'avantage accordé à la personne d'un des copropriétaires profite aux autres, mais il a
profité d'abord au fonds par la personne du copropriétaire
privilégié. Le sort de la personne et celui du fonds sont liés
et la prescription doit être possible à l'égard du fonds pour
nuire à la personne et réciproquement.

Cet article est écrit au chapitre de la Prescription libératoire,
mais la disposition qu'il contient s'applique pour des raisons
identiques à la prescription acquisitive des servitudes. Aussi,
quand cette question s'est offerte à nous dans l'étude des règles
de la prescription acquisitive, avons-nous renvoyé à l'examen
de l'art. 710. Tout ce que nous dirons est donc commun aux
deux prescriptions.

Une grosse difficulté et une controverse célèbre sont nées
de la combinaison de ce dernier article avec le principe décla-

10

ratif du partage posé dans l'art. 883 C. c. On aperçoit facilement la question : parmi les copropriétaires indivis de l'immeuble dominant était un mineur, le partage a fait attribu-
tion de l'immeuble à un des copropriétaires majeurs ; la prescription avait été suspendue pendant le temps de l'indivision
au profit de (tous art. 710); cette suspension profitera-t-elle
au majeur, devenu par le partage propriétaire exclusif, ou
bien, suivant la fiction de l'art. 883, devra-t-on dire que la
prescription n'a jamais été suspendue ?

Les principes posés doivent nous servir à résoudre la question. C'est, avons-nous dit, par la réalité objective du droit de
servitude que s'explique la règle de l'art. 710.

Le sort de la personne et le sort du fonds sont liés de telle
sorte que la faveur faite à la personne est acquise au fonds.
Ainsi, à raison de la minorité d'un des copropriétaires, l'imprescriptibilité résultant de la suspension devient une qualité
du fonds, et par le bénéfice de l'article 710, profite aux autres
copropriétaires majeurs ; de telle sorte que celui des copropriétaires majeurs à qui le fonds échet ensuite dans le partage, a déjà dans son patrimoine, à raison de son droit indivis, le profit de l'imprescriptibilité assuré au mineur et que,
d'autre part, il trouve ce bénéfice attaché à l'immeuble comme
une qualité de cet immeuble. Il a donc deux fois droit au
bénéfice de la suspension de prescription ; il y a, pour ainsi
dire, une double vocation, une vocation tout à la fois personnelle et réelle et il faudrait un texte formel pour lui refu-
ser un avantage auquel il a de tels titres.

Beaucoup d'auteurs croient trouver ce texte formel dans
l'article 883 ; ils ne font en cela d'ailleurs que partager la
doctrine de la Cour de cassation qui a jugé la question par un
arrêt du 2 décembre 1845 (Aff. Anquet c. Dumoulin. D. P.
1846, 1 p. 21).

« Attendu, dit cet arrêt, que c'est d'une manière générale
« et absolue que l'article 883 déclare « que chaque cohéri-
« tier est censé avoir succédé seul et immédiatement à
« tous les effets compris dans son lot et n'avoir jamais eu la
« propriété des autres effets de la succession ;

« Attendu que s'il était permis d'invoquer la possession
« commune avant le partage afin de déterminer les droits des
« héritiers sur les biens de la succession qui n'auraient pas
« été compris dans le lot qui leur est échu, on ne pourrait
« plus dire avec l'article 883 que chacun d'eux est censé
« avoir succédé seul et immédiatement à ceux qu'il a reçus
« par le partage, puisqu'il y aurait alors un intervalle de
« temps pendant lequel ils n'auraient pas été propriétaires
« exclusifs de ces biens; qu'ainsi, la présomption de l'article
« 883 est inconciliable avec un droit de propriété en faveur
« des cohéritiers, pour ce qui concerne les objets non compris
« dans leur lot respectif. »

C'est faire une fausse application de l'article 883 que de
le poser comme une règle absolue et devant être rigoureuse-
ment appliquée dans ses termes; on est depuis longtemps
convenu d'en restreinde la portée à celle d'une fiction qui
a pour but d'empêcher les copartageants de se nuire pendant
la durée de l'indivision ; or, la proposition que nous soute-
nons est toute favorable au copartageant, et si l'article 883 a
été écrit pour empêcher les recours en garantie entre copartageants, nous devons dire que si l'on admettait la doctrine
de l'arrêt de 1845, l'application qu'il fait de cet article serait
contraire à ce but. Si, en effet, nous supposons la mise en
vente de l'immeuble, la suspension de la prescription, c'est-
à-dire le droit conservé par le mineur, suivant l'expression
de l'article 710, profiterait à tout autre adjudicataire que le
colicitant ; dès lors cette suspension compterait aux enchères

dans la valeur de l'immeuble et le colicitant adjudicataire, s'il était privé de ce bénéfice, aurait un recours en garantie qu'il pourrait exercer même contre le mineur; de telle sorte que non-seulement le but poursuivi par l'article 883 ne serait pas atteint, mais que le mineur lui-même ne réaliserait pas, en définitive, le bénéfice de l'article 710.

§

Pour que l'usage conserve la servitude acquise, n'est-il pas nécessaire qu'il soit de la servitude dans toute son étendue et conforme en ce point au titre, et n'y a-t-il pas lieu de dire que le non-usage partiel de la servitude la fait perdre en partie?

Prenons un exemple, supposons une servitude qui donne droit à Primus d'ouvrir quatre fenêtres sur le fonds de Secundus. Si dans le délai de trente ans Primus n'a ouvert aucune fenêtre, le titre est prescrit par application, suivant quelques-uns, de l'article 706, mais à coup sûr par application de l'article 2232. Mais si, après avoir ouvert trois fenêtres, Primus est resté sans ouvrir la quatrième assez longtemps pour que son titre ait plus de trente années de date, mais avant qu'il se soit écoulé trente ans depuis le percement des trois fenêtres, beaucoup d'auteurs décident en ce cas que Primus ne pourrait plus ouvrir la quatrième fenêtre; il n'aurait de droit à ouvrir cette fenêtre qu'en vertu de son titre et son titre a plus de trente ans. Nous admettons cette solution.

Ceux qui la repoussent se fondent sur ce que l'exercice de la servitude par le percement des trois premières fenêtres a suffi à conserver au fonds de Primus la servitude plus large de vue (art. 706) que son titre lui accordait. Pour nous, nous

n'acceptons cette doctrine que pour le cas où le titre porte la
concession de la servitude générale de vue et nous dirions
volontiers, avec un arrêt de la Cour de Caen du 1er mars 1839
(Dalloz, *Servitudes*, n° 775), que chaque fenêtre ouverte ne cons-
tituerait pas dans ce cas une servitude séparée, mais bien un
mode d'exercice de la servitude générale de vue et que ce ne
serait qu'après que trente années se seraient écoulées depuis
l'établissement de ce mode de jouissance qu'on pourrait s'opposer à toute innovation. Nous ne verrions donc ici qu'une
question de fait et d'interprétation du titre. Dans l'hypothèse
choisie, ce qui détermine notre décision, c'est la limitation
même du nombre des fenêtres qui fait présumer que le con-
cessionnaire entendait conserver autant de servitudes séparées
que de fenêtres. Dès lors, ouvrir une fenêtre nouvelle après
trente années, ce serait faire usage d'un titre prescrit, tandis
qu'au cas où l'ouverture d'une nouvelle fenêtre ne constitue
qu'un mode nouveau d'une servitude, c'est du dernier mode
de la servitude que part le délai de la prescription extinctive,
quelque ancien que soit d'ailleurs le titre.

§

L'effet extinctif du non-usage des servitudes repose sur une
présomption d'abandon et d'inutilité de la servitude; il ne
faudrait pas pourtant exagérer le principe jusqu'à déclarer
que, au cas où le non-usage provient d'un événement de force
majeure, la prescription ne courra pas pendant la durée de
l'obstacle, par la raison que l'idée d'abandon n'en pourrait
pas expliquer l'extinction. Ce serait exagérer l'importance de
cette idée qui n'est pas d'ailleurs la seule qui puisse servir à
expliquer et soutenir la prescription par le non-usage. Cette

prescription est, en effet, la sauvegarde de la liberté naturelle des fonds.

D'ailleurs on ne saurait soutenir cette opinion sans fouler aux pieds des textes aussi clairs que formels. Les servitudes cessent lorsque les choses sont dans un tel état que l'on ne peut plus en user, dit l'article 702. Elles revivent, dit l'article 704, si les choses sont rétablies de manière qu'on puisse en user, à moins qu'il ne se soit déjà écoulé un espace de temps suffisant pour faire présumer l'extinction de la servitude ; donc au bout de trente ans, l'obstacle vînt-il à cesser, la servitude serait éteinte.

L'article 706 fixe invariablement à trente ans le délai de l'extinction des servitudes par le non-usage, et il n'y a pas à faire d'exception à cet article pour permettre l'application de l'article 2265 aux servitudes. On a pourtant prétendu, par l'application de cet article, que celui qui avait possédé avec juste titre et bonne foi un immeuble grevé d'une servitude non exercée, avait, en acquérant la propriété de l'immeuble tel qu'il l'avait possédé, prescrit la libération de la servitude. Mais la Cour de cassation (Chambre des requêtes, 20 déc. 1836. D. J. servit. 326), a repoussé cette opinion :

« Attendu que l'article 2265 ne statue que sur la prescrip-
« tion des biens immeubles par ceux qui les ont acquis de
« bonne foi et par un juste titre et non sur la libération des
« charges réelles dont ces biens peuvent être grevés ; qu'aux
« termes de l'article 2264 on doit se reporter pour les règles
« de la prescription sur d'autres objets que ceux mentionnés
« dans le titre xx du tivre iii du Code civil, aux titres qui leur
« sont propres ; que les servitudes sont réglées par le titre iv
« du livre 2 ; que l'article 706, qui fait partie de ce titre,
« dispose : « La servitude est éteinte par le non-usage pendant
« trente ans ; que cette règle est générale et absolue ; qu'elle

« s'applique à toutes les servitudes et qu'elle écarte l'appli-
« cation de l'article 2265, etc...... » Par application de
cette jurisprudence, la Cour de cassation a jugé (Req. 14 nov.
1853, D. P. 1853, 1. 329), que le droit aux secondes herbes,
ne constituant qu'une servitude de pacage, en l'absence de
convention expresse qui en pouvait faire un droit de copropriété, ce droit n'était pas susceptible d'être éteint par la
prescription décennale, établie par l'article 2265.

Quant au point de départ du délai, nous nous reportons à
ce qui a été dit sur les faits d'interruption de la possession.

§

Parmi les servitudes acquises nous avons déjà rangé les
servitudes naturelles et légales. Leur titre est dans la loi.
Nous avons déjà indiqué que ces servitudes n'étaient pas susceptibles de se perdre par le non-usage ; le droit d'en user a,
en effet, une cause perpétuelle et imprescriptible. Nous devons
dire, toutefois, que ces servitudes peuvent se perdre par
l'effet d'une prescription, mais ce sera toujours, remarquons-le bien, par l'effet de la prescription acquisitive d'un
état contraire à l'exercice de ces facultés légales et jamais
par l'effet d'une prescription extinctive. Lorsque, par exemple, contre la faculté légale qui m'appartient de faire écouler
les eaux naturelles de mon fonds sur le fonds inférieur, le
propriétaire de ce fonds a, par des ouvrages apparents établis
depuis plus de trente ans, empêché pendant tout ce temps
l'écoulement des eaux sur son fonds et les a fait refluer sur
le mien, il a acquis contre moi par prescription une
servitude continue et apparente. Cette servitude acquise s'oppose désormais à ce que je puisse exercer la servitude naturelle ; mais est-il vrai de dire que cette dernière est éteinte ?

Ou ne doit-on pas dire avec beaucoup plus d'exactitude que, si elle est éteinte, c'est par une espèce d'interversion de situation qui a opéré comme une novation dans les droits respectifs des propriétaires voisins.

DE LA PRESCRIPTION DU MODE DE LA SERVITUDE.

Nous avons vu quelles servitudes pouvaient être acquises par la prescription et à quelles conditions ; nous venons de voir comment les servitudes se perdaient par le non-usage ; il nous reste à rechercher ce que le Code a entendu dire par la disposition de l'article 708 : « Le mode de la servitude peut se prescrire comme la servitude même et «de la même manière. » Nous ne pouvons définir ce qu'on entend par le mode de la servitude autrement qu'en disant que c'est la manière d'user de la servitude.

Cet article établit la prescriptibilité du mode de la servitude par le non-usage ; cette disposition est une innovation du Code ; dans notre ancien droit comme à Rome, un usage quelconque de la servitude conservait la servitude tout entière. Le système adopté par le Code s'appuie sur ce qu'il est logique d'admettre que l'usage restreint d'une servitude doit l'éteindre en partie comme le non-usage total l'éteint pour la totalité.

L'article 708 est écrit au chapitre de la prescription libératoire des servitudes, mais il est hors de toute discussion qu'on doit déclarer également la prescription acquisitive applicable au mode des servitudes susceptibles de cette prescription, c'est-à-dire aux servitudes continues et apparentes. Cette proposition rentre d'ailleurs dans les termes mêmes de l'art. 708 qui dit que le mode se prescrit comme la servitude même et de la même manière. C'est ainsi d'autre part, que nous devons déclarer que la prescription extinctive du mode de la servitude s'applique indistinctement à toutes les servitudes.

Avec l'extension que nous venons de lui donner, la règle de l'article 708 embrasse le système général de la possession des servitudes.

Trois hypothèses sont à considérer : 1° on peut avoir dépassé son droit ; 2° ne pas l'avoir exercé dans toute son étendue ; 3° en avoir usé contre son titre.

1° Celui qui a joui d'un droit plus étendu que celui que lui accordait son titre, a conservé son droit ; il a même pu l'étendre, s'il s'agissait d'une servitude continue et apparente ; cette proposition s'explique d'elle-même ;

2° Celui qui a joui d'un droit moins étendu que son titre a réduit d'autant sa servitude, par la raison que toute servitude s'éteint par le non-usage ;

Cette deuxième proposition ne souffre pas de difficulté lorsqu'il s'agit de servitudes continues, soit négatives, soit affirmatives, en un mot de ces servitudes qu'un état de choses matériel conserve. Si, ayant droit à quatre fenêtres sur votre propriété, j'ai exercé la vue pendant trente ans par trois fenêtres, j'ai perdu le droit d'en établir quatre. De même, si j'ai le droit de vous interdire tout ouvrage sur votre propriété qui pourrait masquer ma vue, et que vous ayez construit un bâtiment à un étage, j'aurai perdu au bout de trente ans le droit de vous contraindre à la démolition de ce *nouvel œuvre*, mais je puis empêcher la surélévation du bâtiment qui existe.

Mais s'il s'agit de servitudes discontinues, c'est-à-dire de servitudes que le fait seul de l'homme conserve, il faut dire que le propriétaire du fonds servant aura conservé toute la servitude, lorsqu'il en aura usé conformément à son titre, dans la mesure de ses besoins et de ses convenances, et que son droit ne sera réduit que si l'usage restreint qu'il a fait de la servitude ne doit pas être attribué à sa seule volonté, mais à un changement dans l'état matériel des lieux ou à une opposition de la part du propriétaire du fonds dominant. Ainsi, ayant le droit de passer à pied, en voiture et à cheval sur votre fonds, je n'ai pas une fois en trente ans passé en voiture, je n'aurai pas perdu le droit de le faire, si le chemin par lequel devait s'exercer ce passage n'a pas été défoncé ni retracé.

Un changement maintenu pendant trente ans dans l'assignation de la servitude a conservé la servitude, mais en a modifié définitivement l'assiette.

3° Enfin celui qui a usé contrairement à son titre a perdu la servitude sans avoir pu acquérir, par la prescription, le droit d'en user contrairement à son titre, à moins qu'il ne s'agisse d'une servitude continue et apparente.

Cette dernière proposition demande explication. Le propriétaire du fonds dominant, qui a usé contrairement à son titre, n'a pas usé de ce dont il devait user, *non fecit quod potuit ;* cet usage à côté de son droit équivaut à un non-usage; **prolongé** pendant trente ans, il aboutit à la prescription.

Mais si la servitude primitive est prescrite, faute d'avoir été exercée dans les termes du titre constitutif, l'usage de cette même servitude par un mode différent de celui qui est fixé au titre, n'a-t-il pas pu créer une autre servitude ?

Évidemment non. La possession d'une servitude, qui, pour prendre naissance, a eu besoin d'un titre, ne peut pas être détournée des conditions d'exercice déterminées dans ce titre par un usage contraire; en un mot une servitude ne peut pas être, par un mode d'établissement dont elle n'est pas susceptible, substituée à une autre. Si Primus, ayant le droit, d'après son titre, de passer sur le champ de Secundus en voiture mais non à pied, est passé à pied pendant trente ans, il a bien exercé la servitude de passage, mais sous un mode différent du mode déterminé dans son titre, il a perdu le droit de passer en voiture et il n'a pas acquis celui de passer à pied. La servitude, dans son mode primitif, nous l'avons dit, est prescrite par le non-usage et la possession de la nouvelle servitude que Primus a exercée, n'étant fondée sur aucun titre, n'était pas viable et ne peut lui avoir acquis le droit de passer à pied.

Il en serait autrement s'il s'agissait d'une servitude continue et apparente : auquel cas, la simple possession trentennaire suffisant pour faire naître un droit, une servitude nouvelle serait valablement constituée, non pas comme une dérivation de la servitude originaire, mais bien comme une servitude acquise par la prescription.

TABLE DES MATIÈRES

POSITIONS

DROIT ROMAIN

I. — Si le testateur mourait *sui juris,* le testament qu'il avait fait sur son pécule castrans ou quasi-castrans pouvait être attaqué par la *querela.*

II. — Dans la composition de la masse sur laquelle on calculait la légitime, on devait faire entrer certains biens donnés entre-vifs.

III. — L'omission du fils en puissance annulait le testament, même si le fils mourait avant son père.

IV. — Les créanciers du légitimaire ne pouvaient pas critiquer sa renonciation à la *querela.*

V. — La règle qui refusait la *querela* au légitimaire qui avait un autre moyen de venir à la succession ne s'appliquait au cas où il pouvait attaquer le testament comme vicieux, que si le vice tenait à une cause à lui personnelle.

DROIT CIVIL FRANÇAIS

I. — Le droit de servitude est de même nature que le droit de propriété et comporte comme lui une possession véritable.

II. — Les servitudes naturelles et légales ne sont pas de véritables servitudes ; la possession de ces servitudes n'offre d'intérêt qu'au point de vue des actions possessoires.

III. — Les servitudes continues et apparentes peuvent être acquises par la prescription de dix et vingt ans.

IV. — Les servitudes discontinues, fussent-elles apparentes, ne peuvent, en aucune manière, être acquises par prescription, et la possession de ces servitudes sans titre ne donne pas droit aux actions possessoires.

V. — La possession des servitudes non apparentes et discontinues, apparentes ou non apparentes, fondées sur un titre *a domino*, donne droit aux actions possessoires.

VI. — La suspension de prescription d'une servitude, causée pendant l'indivision par la minorité d'un des copropriétaires, profite au copartageant à qui l'immeuble a été attribué dans le partage.

VII. — Les donations de servitudes ne sont pas assujetties à la transcription.

VIII. — La femme ne peut disposer de l'immeuble dotal par donation entre-vifs au profit de son mari.

IX. — La dot mobilière n'est pas inaliénable.

X. — Les droits réels, consentis par l'acquéreur d'un immeuble à un tiers de bonne foi, sont opposables aux créanciers du vendeur qui ont fait annuler la vente.

XI. — Le bénéfice des lois qui, depuis le décret du 19 juillet 1793, ont successivement étendu le droit des auteurs sur leurs œuvres, doit, en thèse générale, profiter aux héritiers de l'auteur et non à son cessionnaire.

PROCÉDURE CIVILE

En matière d'expropriation forcée, on ne peut former une surenchère du sixième après une adjudication sur folle-enchère.

DROIT CRIMINEL

I. — Il n'y a pas tentative de crime dans le sens de l'article 2 du Code pénal, lorsque le crime se trouvait être impossible à raison des circonstances dans lesquelles l'auteur a essayé de l'accomplir.

II. — L'action publique une fois mise en mouvement par la plainte du breveté pour délit de contrefaçon ne peut plus être arrêtée par le désistement du plaignant.

DROIT ADMINISTRATIF

I. — Le droit de préemption, que l'article 19 de la loi du 21 mai 1836 confère aux propriétaires riverains d'un chemin vicinal sur les portions délaissées de ce chemin, leur permet, sauf indemnité à la commune, de prendre directement possession du sol retranché.

II. — L'indemnité sénatoriale ne tombe pas sous l'application de la loi qui interdit le cumul des traitements.

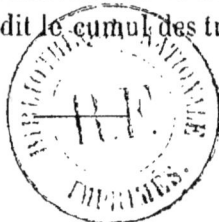

HISTOIRE DU DROIT

Le bail temporaire des biens ruraux a suivi l'affranchissement des personnes et l'affranchissement de la terre.

Vu par le président,
COLMET DE SANTERRE.

Vu par le doyen,
COLMET DAAGE.

Vu et permis d'imprimer, le vice-recteur de l'Académie de Paris.
A. MOURIER.

75459 — Imp. Vᵉ RENOU, MAULDE et COCK, rue de Rivoli, 144.

www.ingramcontent.com/pod-product-compliance
Lightning Source LLC
Chambersburg PA
CBHW050111210326
41519CB00015BA/3916